·中央引导地方科技发展资金项目"西藏城镇化进程对生物与生态安全影响研究与基层生物与生态安全应急能力建设示范"（XZ202201YD0015C）阶段性成果

·西藏大学科研培育基金项目"乡村振兴背景下的西藏新型城镇化研究"（ZDTSJH21-12）阶段性成果

·西藏大学珠峰学科建设计划项目"公共管理急需学科建设"（zf22003002）阶段性成果

·西藏大学 2021 年中央财政支持地方高校改革发展专项项目"一流学科野外台站建设"资助

乡村振兴背景下
西藏新型城镇化建设研究

师晓娟 ◎ 著

西南交通大学出版社

·成　都·

图书在版编目（ＣＩＰ）数据

乡村振兴背景下西藏新型城镇化建设研究 / 师晓娟
著. 一成都：西南交通大学出版社，2023.6
ISBN 978-7-5643-9310-6

Ⅰ. ①乡… Ⅱ. ①师… Ⅲ. ①城市化 – 建设 – 研究 –
西藏 Ⅳ. ①F299.277.5

中国国家版本馆 CIP 数据核字（2023）第 102239 号

Xiangcun Zhenxing Beijing xia Xizang Xinxing Chengzhenhua Jianshe Yanjiu

乡村振兴背景下西藏新型城镇化建设研究

师晓娟　　著

责任编辑	赵玉婷
封面设计	原谋书装

出版发行　　西南交通大学出版社
　　　　　　（四川省成都市金牛区二环路北一段 111 号
　　　　　　西南交通大学创新大厦 21 楼）
邮政编码　　610031
发行部电话　028-87600564　028-87600533
网址　　　　http://www.xnjdcbs.com
印刷　　　　成都蜀通印务有限责任公司

成品尺寸　　170 mm×230 mm
印张　　　　13.25
字数　　　　203 千
版次　　　　2023 年 6 月第 1 版
印次　　　　2023 年 6 月第 1 次
定价　　　　68.00 元
书号　　　　ISBN 978-7-5643-9310-6

　　由于诸多因素的制约，我国城乡发展存在的二元鸿沟至今难以填平。城乡发展不平衡不协调，是我国经济社会发展存在的突出矛盾，是实现共同富裕、加快推进社会主义现代化必须解决的重大课题。乡村振兴与新型城镇化这两大战略是不可割裂、相辅相成的，两者具有紧密的内在逻辑关联性；两者不是非此即彼的对立关系，实施乡村振兴不是否定新型城镇化，促进新型城镇化也不是否定实施乡村振兴，理应双轮驱动，相得益彰，二者不可偏废。受自然、历史、社会等因素的影响，西藏的乡村振兴和新型城镇化发展具有诸多独有的特点。统筹推进西藏城乡发展，需促进城乡资源要素自由流动、合理配置，引导人才、资金技术和管理等延伸至乡村，补齐乡村经济社会发展短板，推进城镇和乡村共同实现现代化，努力消弭城乡之间的差距。

　　习近平总书记指出："共同富裕是社会主义的本质要求，是中国式现代化的重要特征。"大力推进新型城镇化和乡村振兴战略是缩小城乡差距，实现共同富裕的应有之义。2020 年以来，学术界越来越关注新型城镇化和乡村振兴发展之间的关系，涌现出越来越多的研究成果，为本书的撰写奠定了扎实的理论基础和提供了丰富的文献资料。首先，本书在梳理已有理论文献和西藏新型城镇化发展现状和特点的基础上，运用系统理论方法，在区域经济-社会大系统框架下，构建了民族地区乡村振兴子系统和新型城镇化子系统协同耦合理论模型，这一理论模型具有一定的创新性。其次，本书对西藏部分地市的乡村振兴与新型城镇化系统耦合进行了测度和影响因素分析。特别是对拉萨市、林芝市、昌都市和山南市等四市的乡村振兴与新型城镇化耦合发展案例进行了研究分析，厘清了两个子系统的协同耦合机制。最后，本书立足于乡村振兴与新型城镇化的耦合协同关系，提出了西藏乡村振兴背景下新型城镇化的创新发展思路以及相应的支持政策。全书共分为八个章节。第一章梳理了乡村振兴与新型城镇化的相关文献和理论，第二章指出了民族地区乡村振兴与新型城镇化耦合发展理论，第三章阐述了乡村振兴背景下西藏新型城镇化发展现状与趋势，第四章分析了西藏乡村振兴与新型城镇化发展水平评价与耦合度，第五章研究了西藏乡村振兴与新型城镇化耦合发展案例，第六章分析了乡村振兴背景下西藏新型城镇化的创新发展，第七章提出了乡村振兴背景下西藏新型城镇化建设发展支持政策，第八章得出主要结论及提出进一步研究方向。

　　作者师晓娟前后花费两年多的时间查阅资料、开展调研，反复修改论证，多次向专家和政府有关部门征求意见建议，以孜孜不倦、潜心治学的学术精神努力将学问写在祖国大地上。研究中发现，西藏乡村振兴子系统和城镇化子系统存在着直接或间接的信息和能量交换，进而形成了两大子系统内部各子系统之间的直接耦合和间接耦合形式，两大子系统存在着耦合协同发展关系，但各地耦合度和发展机制存在着差异。本书在定量和定性研究基础上，分析了西藏乡村振兴为新型城镇化创新发展提供的新动能，提出了品牌化、差异化、网络化和一体协同战略等创新发展战略，指出了投入子系统耦合下、产出子系统耦合下、环境子系统耦合下的新型城镇化发展的创新发展路径。本书不仅为相关领域学者了解西藏城镇和乡村发展研究提供有益借鉴，而且也可为政府有关部门决策提供参考。

　　最后，《乡村振兴背景下西藏新型城镇化建设研究》一书逻辑紧密，内容翔实，论证有力，不失为相关研究领域的重要参考书。治学之路"道阻且长，行则将至；行而不辍，未来可期"，希望本书的出版成为师晓娟新的起点，为学术界和读者带来更为丰富的研究成果！

　　是为序。

2022 年 10 月 15 日

前 言

PREFACE

　　进入 21 世纪后，在中央政府和西藏自治区各级地方政府的指导下，在西藏各族人民群众的共同努力下，全区常住人口城镇化率由 2010 年的 22.67% 上升为 2020 年的 35.7%，城镇化的发展取得了突出成就。面对农村发展不平衡不充分，党的十九大报告提出了乡村振兴战略，《中华人民共和国国民经济和社会发展第十四个五年规划和 2035 年远景目标纲要》明确提出了"乡村建设行动"。尽管新型城镇化和乡村振兴战略之间存在差异，前者在空间上偏重城镇，后者在空间上偏重乡村，但由于空间上的邻近以及要素上的流动，二者之间相互影响，互为促进，对我国城乡融合发展和现代化建设具有重要的推动作用。只有协同推进新型城镇化和乡村振兴战略，才能更好走出一条具有中国特色的城乡融合发展之路。

　　全书构建了民族地区乡村振兴与新型城镇化耦合发展的理论框架，在分析西藏自治区乡村振兴和新型城镇化建设发展现状基础上，评估西藏自治区乡村振兴和新型城镇化发展耦合度，并通过案例研究进一步厘清西藏自治区乡村振兴和新型城镇化发展耦合机制与路径，提出乡村振兴背景下西藏自治区新型城镇化的创新发展思路，最后提出相应的新型城镇化建设发展支持政策建议。全书主要包括六个部分：民族地区乡村振兴与新型城镇化耦合发展理论、乡村振兴背景下西藏新型城镇化发展现状与趋势、西藏乡村振兴与新型城镇化发展水平评价与耦合度分析、西藏乡村振兴与新型城镇化耦合发展案例研究、乡村振兴背景下西藏新型城镇化的创新发展、乡村振兴背景下西藏新型城镇化发展政策支持体系。

　　本研究认为，乡村振兴子系统与新型城镇化子系统存在着直接或间接的信息和能量的交换，进而形成了两大子系统内部各子系统之间的直接耦合和间接耦合形式。乡村振兴和新型城镇化两大子系统的耦合动力包括基于民族地区城乡共同富裕愿景使命驱动下的系统耦合、基于民族地区城乡生态文明建设任务驱动下的系统耦合、基于民族地区城乡融合发展目标驱动下的系统耦合，耦合路径则包括产业导向下的耦合路径、文化导向下的耦合路径和公共基础设施导向下的耦合路径。乡村振兴战略为西藏自治区新型城镇化创新发展提供了新动能，其创新发展战略包括品牌化、差异化、网络化和一体协同战略，其创新发展路径包括投入子系统耦合下的新型城镇化发展路径、产出子系统耦合下的新型城镇化发展路径、环境子系统耦合下的新型城镇化发展路径。乡村振兴背景下西藏自治区新型城镇化支持政策的目标包括产业发展、生态安全、共同富裕和边疆稳定，其政策制定应遵循适当倾斜原则、可持续原则、精细化原则和协同原则，其政策重点则包括经济政策、社会政策和民族边疆政策等。

理论是灰色的，而实践之树常青。尽管本书对乡村振兴背景下西藏自治区新型城镇化发展进行了有益探讨，但仍存在着许多不足，特别是还需要对西藏自治区乡村振兴和新型城镇化耦合协同新实践进行密切跟踪。本书的形成得益于西藏大学科研培育基金项目"乡村振兴背景下的西藏新型城镇化研究"（批准号：ZDTSJH21—12）的资助。在本书的写作过程中，也使用了大量的文献和数据资料，对这些文献和数据资料的创作者表示深深敬意和衷心感谢。囿于作者的知识和认知，本书还存在一些不足之处，恳求方家批评指正。

作者

2022 年 11 月

目 录

CONTENTS

1 绪论 001

1.1 问题的提出 002

1.1.1 中国城镇化发展的新态势 003

1.1.2 新型城镇化与乡村振兴战略的互动及协调发展 006

1.1.3 西藏协同推进乡村振兴与新型城镇化战略的必要性 009

1.2 乡村振兴与新型城镇化协同发展研究综述 011

1.2.1 乡村振兴与新型城镇化协同发展的理论逻辑 011

1.2.2 乡村振兴与新型城镇化协同发展的机制与实现路径 013

1.2.3 乡村振兴与新型城镇化协同发展的定量分析与测度 014

1.3 乡村振兴与新型城镇化协同发展的国内实践 015

1.3.1 东部地区：景宁畲族自治县的实践 015

1.3.2 中部地区：岳西县温泉镇的实践 020

1.3.3 西部地区：凯里市的实践 023

1.4 主要内容与研究方法 027

1.4.1 主要内容 027

1.4.2 研究方法 028

2 民族地区乡村振兴与新型城镇化耦合发展理论 029

2.1 系统论视角下的乡村振兴与新型城镇化 030

2.1.1 系统论与社会–经济复杂系统分析 030

2.1.2 乡村振兴与新型城镇化的系统性 032

2.1.3 城乡社会–经济大系统中的乡村振兴与新型城镇化 037

2.2 民族地区乡村振兴子系统 038

2.2.1 民族地区乡村振兴子系统的组成 039

2.2.2 民族地区乡村振兴子系统的功能 042

2.2.3 民族地区乡村振兴子系统的演化 046

2.3 民族地区新型城镇化子系统 052

2.3.1 民族地区新型城镇化子系统的组成 052

2.3.2 民族地区新型城镇化子系统的功能 055

2.3.3 民族地区新型城镇化子系统的演化 057

2.4 民族地区乡村振兴与新型城镇化发展的耦合机制 062

2.4.1 民族地区乡村振兴与新型城镇化耦合形式 062

2.4.2 民族地区乡村振兴与新型城镇化耦合动力 065

2.4.3 民族地区乡村振兴与新型城镇化耦合路径 067

3 乡村振兴背景下西藏新型城镇化发展现状与趋势 071

3.1 改革开放以来西藏城镇化发展进程与特点 072

3.1.1 城镇化率视角下的西藏城镇化发展进程 072

3.1.2 改革开放以来西藏城镇化发展特点 074

3.1.3 西藏城镇化中存在的主要问题 077

3.2 西藏乡村振兴战略的实施与成就................................080

3.2.1 西藏乡村振兴战略举措 080

3.2.2 西藏乡村振兴战略的成就 083

3.3 乡村振兴背景下西藏新型城镇化发展特点与趋势 088

3.3.1 乡村振兴背景下西藏新型城镇化发展特点 088

3.3.2 乡村振兴背景下西藏新型城镇化发展趋势 091

4 西藏乡村振兴与新型城镇化发展水平评价与耦合度分析 097

4.1 乡村振兴与新型城镇化发展水平评价体系 098

4.1.1 权重确定方法及数据来源 098

4.1.2 乡村振兴发展水平评价体系 099

4.1.3 新型城镇化发展水平指标体系 102

4.2 西藏乡村振兴发展水平综合评价 104

4.2.1 乡村振兴发展水平测度 104

4.2.2 评价及结果分析 105

4.3 西藏新型城镇化发展水平综合评价 105

4.3.1 新型城镇化发展水平计算 105

4.3.2 评价及结果分析 106

4.4 西藏乡村振兴与新型城镇化发展耦合协调分析 107

4.4.1 构建耦合度模型及耦合协调度模型 107

4.4.2 耦合协调度测算及分析 108

5 西藏乡村振兴与新型城镇化耦合发展案例研究 111

5.1 拉萨市乡村振兴与新型城镇化耦合发展案例 112

    5.1.1 拉萨市乡村振兴与新型城镇化发展现状 113

    5.1.2 拉萨市乡村振兴与新型城镇化耦合发展机制分析 121

5.2 林芝市乡村振兴与新型城镇化耦合发展案例 122

    5.2.1 林芝市乡村振兴与新型城镇化发展现状 122

    5.2.2 林芝市乡村振兴与新型城镇化耦合发展机制分析 127

5.3 昌都市乡村振兴与新型城镇化耦合发展案例 128

    5.3.1 昌都市乡村振兴与新型城镇化发展现状 129

    5.3.2 昌都市乡村振兴与新型城镇化耦合发展机制分析 134

5.4 山南市乡村振兴与新型城镇化耦合发展案例 136

    5.4.1 山南市乡村振兴与新型城镇化发展现状 136

    5.4.2 山南市乡村振兴与新型城镇化耦合发展机制分析 142

5.5 多案例研究下西藏乡村振兴与新型城镇化耦合机制 144

6 乡村振兴背景下西藏新型城镇化的创新发展 147

6.1 乡村振兴背景下西藏新型城镇化新动能 148

    6.1.1 产业发展形成的新动能 148

6.1.2 文化自信形成的新动能 150

6.1.3 生态文明建设形成的新动能 152

6.2 乡村振兴背景下西藏新型城镇化发展战略 154

6.2.1 品牌化战略 155

6.2.2 差异化战略 157

6.2.3 网络化战略 159

6.2.4 一体协同战略 160

6.3 乡村振兴背景下西藏新型城镇化发展路径 163

6.3.1 投入子系统耦合下的新型城镇化发展路径 163

6.3.2 产出子系统耦合下的新型城镇化发展路径 165

6.3.3 环境子系统耦合下的新型城镇化发展路径 166

7 乡村振兴背景下西藏新型城镇化建设发展支持政策 169

7.1 政策目标 170

7.1.1 产业发展 170

7.1.2 生态安全 172

7.1.3 共同富裕 174

7.1.4 边疆稳定 176

7.2 政策制定原则 178

7.2.1 适当倾斜原则 178

7.2.2 可持续原则 179

7.2.3 精细化原则 ……………………………………………………… 180

7.2.4 协同原则 ………………………………………………………… 181

7.3 政策重点 ……………………………………………………………… 182

7.3.1 新型城镇化进程中的经济政策 …………………………… 182

7.3.2 新型城镇化进程中的社会政策 …………………………… 185

7.3.3 新型城镇化进程中的民族边疆政策 ……………………… 187

8 主要结论及进一步研究方向 ……………………………………… 189

8.1 主要研究结论 ………………………………………………………… 190

8.2 进一步研究方向 ……………………………………………………… 191

参考文献 …………………………………………………………………… 193

后 记 ……………………………………………………………………… 199

绪论

1.1 问题的提出

我国是农业大国，也是人口大国。农村人口城镇化、市民化是一个国家或地区工业化和经济现代化的必然现象。第七次全国人口普查数据显示，2020 年，全国居住在城镇的人口为 90 199 万人，占总人口的 63.89%，居住在乡村的人口为 50 979 万人，占总人口的 36.11%。与第六次人口普查（2010 年）数据相比，城镇人口增加 23 642 万人，乡村人口减少 16 436 万人，城镇人口比重上升 14.21 个百分点[1]。从国家统计局公布的历年常住人口城镇化率来看，2010 年年末，全国常住人口城镇化率为 49.68%，2020 年年末，全国常住人口城镇化率为 63.89%，十年间共上升 16.39 个百分点。近十多年城镇化的迅速发展得益于党和国家政策的有力指引和大力推动。党的十六大报告提出了"走中国特色城镇化道路"的要求；党的十七大报告将新型城镇化列入"新五化"范畴，全国新城镇建设进入崭新阶段；党的十八大报告提出"坚持走中国特色新型工业化、信息化、城镇化、农业现代化道路，推动信息化和工业化深度融合、工业化和城镇化良性互动、城镇化和农业现代化相互协调，促进工业化、信息化、城镇化、农业现代化同步发展"。党的十九大报告提出"坚持农业农村优先发展，实施乡村振兴战略"，指出"我国最大的发展不平衡是城乡发展不平衡，最大的发展不充分是农村发展不充分，为此需要进一步调整理顺工农城乡关系，在要素配置上优先满足，在资源条件上优先保障，在公共服务上优先安排，加快农业农村经济发展，加快补齐农村公共服务、基础设施和信息流通等方面短板，显著缩小城乡差距"。可见，我国新型城镇化的理论与实践发展始终与农村人口转移和农业现代化发展进程紧密相随。

十余年来，西藏在"新四化"建设中累积了丰富的实践经验，为民族地区、边疆地区和高原山区的新型城镇化做出了许多有益探索。在中央政府和西藏自治区各级地方政府的指导和推动下，在西藏自治区各族人民群众共同努力下，全区常住人口城镇化率由 2010 年的 22.67% 上升为 2020 年的 35.7%。2015 年，自治区开始特色小城镇建设，到 2017 年，全区特色小城镇示范点建设项目增加到 26 个，形成了以民族文化、生态环境等为依托，以旅游观光、户外探险、康养休闲等为产业特色的城镇群。自治区特色城镇的发展极大地带动了乡村地区产业的发展，为特色农产品和文化产品开拓了市场，提高了农民的收入；乡村振兴战略的实施又为新型城镇的建设发展注入了丰富的产品和资源要素。一般而言，在乡村振兴战略实施过程中，新型城镇化必然会导致城乡资源要素流动加快和城乡经济发展格局的深刻变迁。在经济发展相对落后的情形下，西藏如何协同乡村振兴战略实施和新型城镇化发展，发挥"1+1>2"的效应，加强脱贫成果巩固拓展与乡村振兴有效衔接，推进城乡融合发展，是新时代全区经济社会实现高质量发展的一个关键而紧迫的问题。为此，本书拟运用系统论方法，在分析和评价西藏近年来新型城镇化和乡村振兴战略实施耦合度的基础上，研究二者之间耦合的内在机制，并在此背景和视角下分析西藏自治区新型城镇化的创新发展思路，提出乡村振兴战略背景下促进西藏新型城镇化发展的相关支持政策建议，以期全面提升新时代西藏新型城镇化水平和绩效。

1.1.1 中国城镇化发展的新态势

城镇化是发展中国家在工业化进程和社会发展中普遍存在的重要命题。一个国家或地区的城镇化一定程度上表现为该国家或地区城乡关系和工农关系的历史演变。改革开放以来，农村人力、土地等资源向城市的转移为我国的现代化建设做出了重大贡献。随着工业化和城镇化的快速推进，市场机制驱动下城乡要素流动加快、要素配置得以优化，但同时过度偏向城镇的政策又扭曲了城乡要素和公共资源的配置，这些现象反映了一味强调规模扩张的粗放型城镇化并非充分带动城乡关系实现融合发展的有效途径，农业农村发展滞后、城乡差距进一步增大等问题因此而日益突出。

21世纪初，城乡收入差距逐年拉大、粮食减产、农村人口结构失衡、农村教育医疗政策难以落实等问题成为全社会关注的理论和实践焦点。鉴于"三农"问题的严峻形势，从党的十六大开始，中央政府将"三农"问题摆在重中之重的位置，提出了工业反哺农业、城市带动农村、新农村建设等工作方针。财政倾斜虽使城乡矛盾有所缓和，但农民土地产权保护制度不健全、农村社会建设力度不足、农民工市民化进程滞后等问题依然存在，城乡二元化问题远未破除，我国现代化建设和小康社会实现最薄弱的环节仍在农业、农村和农民。党的十六大报告指出："农村富余劳动力向非农产业和城镇转移，是工业化和现代化的必然趋势。要逐步提高城镇化水平，坚持大中小城市和小城镇协调发展，走中国特色的城镇化道路。"此后，中国城镇化进程加快，2012年，国内城镇化率已达52.57%，与世界平均水平大体相当。

快速发展的城镇化也带来了若干问题，如，大量农业转移人口难以融入城市社会、人口城镇化落后于土地城镇化、城镇空间分布与资源环境承载能力不匹配、城镇规模结构不合理、城镇产业空心化和农村人口空心化并存等问题。2012年11月，党的十八大报告提出："坚持走中国特色新型工业化、信息化、城镇化、农业现代化道路，推动信息化和工业化深度融合、工业化和城镇化良性互动、城镇化和农业现代化相互协调，促进工业化、信息化、城镇化、农业现代化同步发展。"2014年3月，《国家新型城镇化规划（2014—2020年）》正式发布。新型城镇化基于我国经济增长速度由高速转为中高速增长、传统城镇化增速放缓的现实，为了解决片面追求规模宏大而忽视质量水平的城镇化进程中凸显的人地矛盾、城乡差距扩大等问题，对城镇化本质、方向进行了再认识和再定位。相较于传统城镇化，新型城镇化不是简单的人口城镇化，而是以农民利益为核心、以人为本的城镇化，旨在促进大中小城市、小城镇、农村社区等主体相互促进、协调共生，实现人的"无差别发展"。2016年，习近平总书记对深入推进新型城镇化建设作出重要指示强调："要坚持以创新、协调、绿色、开放、共享的新发展理念为引领，以人的城镇化为核心，更加注重提高户籍人口城镇化率，更加注重城乡基本公共服务均等化，更加注重环境宜居和历史文脉传承，更加注重提升人民群众获得感和幸福感。"这为促进全国新型城镇化建设指明了战略方向和工作重点。

党的十九大报告指出："中国特色社会主义进入新时代，我国社会主要矛盾已经转化为人民日益增长的美好生活需要和不平衡不充分的发展之间的矛盾。"报告还提出，实施乡村振兴战略，坚持农业农村优先发展，按照产业兴旺、生态宜居、乡风文明、治理有效、生活富裕的总要求，建立健全城乡融合发展体制机制和政策体系，加快推进农业农村现代化。这为破解城乡不平衡、农村发展不充分问题提供了新时代的解决方案。为贯彻党的十九大关于乡村振兴的重大战略部署，2019 年 4 月，中共中央、国务院印发《关于建立健全城乡融合发展体制机制和政策体系的意见》，明确提出"以协调推进乡村振兴战略和新型城镇化战略为抓手"。显然，深入实施乡村振兴战略和新型城镇化融合发展是解决"三农"问题、重塑城乡工农关系、释放乡村发展活力的有力"抓手"。

2017 年以来，随着国际"逆全球化""贸易保护主义"的抬头以及新冠肺炎疫情在全球肆虐，全球产业链、供应链遭受了巨大的冲击。根据国际国内形势的发展变化，习近平总书记于 2020 年 4 月 10 日在中央财经委员会第七次会议上提出"构建以国内大循环为主体，国内国际双循环相互促进的新发展格局"。这项重大决策立足于我国的新发展阶段，以大国经济发展规律为遵循，为我国当前和今后较长一段时期内的经济运行提供了方向指引。立足于"双循环"新发展格局，如何构建国内"城镇–乡村"大循环通道，统筹发展与安全，在"城镇–乡村"资源环境承载力合理阈值内，促进城乡社会经济高质量发展，成为新时代的重要研究课题和发展任务。其中，新型城镇化与乡村振兴战略协调发展，成为形成和畅通国内大循环体系的关键举措，为国内国际"双循环"奠定了坚实的基础。推进新型城镇化与乡村振兴"双轮驱动"，能够加快扩大内需，通过城镇化激发城乡居民消费需求，刺激投资需求，扩大公共医疗卫生、数字经济等设施建设投资。同时，统筹工业和农业、城市和农村的互动发展，加快农业剩余人口市民化进程，有利于进一步缩小新时代国内城乡发展差距，使城乡居民共享改革发展的成果。2021 年，中央一号文件《中共中央 国务院关于全面推进乡村振兴加快农业农村现代化的意见》提出，应将原来"大城市优先"的发展认知转向"乡村发展优先"，应调整过去以城市为主体，强调"以工促农""以城带乡"的城镇化战略。在乡村振兴战略背景下，新型工农城乡关系表述为"工农互促、城乡互补、协调发展、共同繁荣"。综上可见，改革开放以来，我国城镇化的发展是一个动态调整过程，从早期注重其对农业人口的城镇化的影响，到近来注重其对乡村振兴战略实施的互动与促进。

1.1.2 新型城镇化与乡村振兴战略的互动及协调发展

城乡融合发展是破除城乡二元结构、促进农业农村现代化的必然选择。城乡融合发展涉及城镇和乡村两个主体的关系。在传统城乡二元体制之下，我国的城镇和乡村在地理环境、基础设施、公共服务、人口构成和产业类型等方面存在较大的差异。但是，两者之间也相互促进，相互支撑，乡村从人力、土地、农产品等生产要素或初级原料、食物供给方面为城镇发展提供支撑，城镇则为农村经济发展提供资本品或工业消费品，带动乡村发展并为农业现代化提供技术和物质基础支撑。无论是新型城镇化，还是乡村振兴战略实施，都涵盖了城乡关系的方方面面。因此，需要进一步明确新型城镇化和乡村振兴战略的互动关系内涵，深入认识新时代新型城镇化和乡村振兴战略对于农业农村现代化的作用。

（1）新型城镇化战略。城镇化水平是一个国家现代化程度的重要衡量指标之一。纵观发达国家经济发展历史，没有国家或地区能够在低水平城镇化的基础上实现经济社会发展的现代化。在中国农业农村发展滞后的背景下，新型城镇化与乡村振兴战略联动是加快农业农村现代化的内在必然要求。不同类型的城镇化模式会对乡村发展和城乡关系产生截然不同的影响，为解决传统城镇化模式的弊端，党的十八大明确提出了"以人为本"的新型城镇化之路。新型城镇化战略是以人民为中心、面向现代化的城镇化战略，其发展是人的全面发展，是人的精神生活和物质生活得到不断满足的过程。为此，新型城镇化从效率上讲必然是高效率的城镇化，从生态文明来讲必然是绿色城镇化，从文化传承来讲必然是人文城镇化。所谓高效城镇化，是指在城镇化进程中，城乡间的要素流动更为畅通，要素配置更为高效，城镇拥有坚实的产业基础，城乡产业衔接互动更加紧密，城乡要素–产品市场更加活跃，城镇对乡村的辐射带动作用更加有力，城乡关系治理更加有效。所谓绿色城镇化，是指在城镇化进程中，坚持城镇规划建设和发展以生态文明理念为引领，深入践行"两山"理念，建设低碳绿色城镇产业体系，守住环境生态底线，持续投入城镇生态环境保护，引导、培养城镇市民低碳绿色消费意识、行为和习惯。所谓人文城镇化，是指在城镇化进程中，要弘扬现代文明，传承优秀、特色传统文化，把城镇建成人文气息浓郁的空间，以文化人，以人的全面发展推动文化的持续创新，形成更具文化特色的新型城镇。

（2）乡村振兴战略。党的十九大报告明确提出实施乡村振兴战略。乡村振兴战略把农业农村置于优先发展的高度，旨在激发我国乡村发展的内生动力，补齐乡村发展的长期短板。乡村振兴的总体要求是产业兴旺、生态宜居、乡风文明、治理有效、生活富裕。其中，"产业兴旺"强调了乡村振兴的产业基础和发展目标。乡村产业兴旺离不开现代化科学技术和现代化、智能化农业技术装备的广泛应用，离不开对乡村传统生产方式的革新。一方面，需要提升农业生产经营的组织化程度，培育新型农业经营主体、发展现代农业园区。另一方面，需要积极引导和鼓励社会资本进入农业产业领域，延长农业产业链，带动农村产业升级，促进农业农村新业态发展，不断提高农村农业产出水平和效益，实现农民收入的持续增加，减少城乡收入差距。"生态宜居"则强调了乡村的生态文明建设。乡村生态文明建设是社会主义生态文明建设的重要组成部分，乡村产业兴旺需要以"生态宜居"为前提，为此，乡村振兴需要持续改善农村生态环境，治理农业面临的污染问题。"乡风文明"则为乡村振兴的文化传承和创新指明了方向，需要持续提高农民科学文化素养，传承农村优秀传统文化，通过移风易俗促进农民理念和农村生活方式现代化。"治理有效"则为乡村振兴指出了深化体制机制改革的目标和方向，乡村治理需要现代社会治理手段和方式的介入和主导，当然也必须将之有效地嵌入到乡村传统治理情境之中，即实现乡村正式治理与非正式治理、法治与德治有机结合。"生活富裕"则是乡村振兴战略实施的目标，这要求在农村农业现代化的过程中，农民收入能够持续增长，农村基础设施建设和基本公共服务供给日益充分，农村居民能够共享改革开放的伟大成果。

（3）新型城镇化与乡村振兴战略的互动与协调。尽管新型城镇化和乡村振兴战略之间存在差异，前者在空间上偏重城镇，后者在空间上偏重乡村。但由于空间上的邻近以及要素上的流动，二者之间相互影响，互为促进，在城乡融合发展及我国现代化建设中发挥着重要的作用。只有协同推进新型城镇化和乡村振兴战略，才能走出一条具有中国特色的城乡融合发展之路，才能更好地实现农业农村现代化，才能更好地实现"四化"同步发展。

首先，新型城镇化和乡村振兴战略二者均基于相同的更顶层的发展目标，即实现中国特色社会主义现代化。一方面，新型城镇化和乡村振兴战略都是实现中国特色社会主义现代化的必由之路和重要支撑，没有以人为本的新型城镇化，没有广大乡村地区的蓬勃发展，中国特色社会主义现代化就不是全面的现代化。另一方面，在共同的顶层目标之上，新型城镇化和乡村振兴战略各自目标的实现离不开二者的协同发展。新型城镇化是乡村振兴战略实施的重要引擎，新型城镇化能够带动农业农村高质量发展；乡村振兴战略的实施则为以人为本的新型城镇化提供了要素和产品市场保障，为新型城镇化提供了丰富的传统人文资源宝藏。只有坚持新型城镇化与乡村振兴战略协同发展，才能更好地实现中国特色社会主义现代化和全体人民共同富裕的目标。

其次，从发展的核心价值上看，新型城镇化和乡村振兴战略都强调以人为本。2016 年，习近平总书记对深入推进新型城镇化建设作出重要指示："要坚持以创新、协调、绿色、开放、共享的新发展理念为引领，以人的城镇化为核心，更加注重提高户籍人口城镇化率，更加注重城乡基本公共服务均等化，更加注重环境宜居和历史文脉传承，更加注重提升人民群众获得感和幸福感。"中国新型城镇化发展实践表明，新型城镇化通过统筹城乡经济社会发展、优化城乡空间布局，使农业转移人口具有归属感和认同感，获得更多更好的发展机会。对于乡村振兴战略，2018 年习近平总书记作出重要指示强调："要坚持乡村全面振兴，抓重点、补短板、强弱项，实现乡村产业振兴、人才振兴、文化振兴、生态振兴、组织振兴，推动农业全面升级、农村全面进步、农民全面发展。"由此可见，只有坚持农民主体地位，切实发挥人才在乡村振兴中的主体作用，把维护农民群众根本利益、促进农民共同富裕和全面发展作为出发点和落脚点，才能更好地实现乡村产业兴旺、生态宜居、乡风文明、治理有效和生活富裕，才能实现包括城乡居民在内的全体人民群众的全面发展。

再次，新型城镇化与乡村振兴战略需要协同推进。一方面，乡村振兴战略的实施离不开新型城镇化的协同推进，新型城镇化通过集聚效应和规模效应，整合优化空间资源，为乡村振兴战略实施创造新契机、提供新的物质基础和人才保障。新型城镇化通过引导城市资金、技术、信息、人才、管理等现代生产要素面向农村发展甚至向农业农村流动，更好地发挥工业化、信息化、城镇化对农业现代化的带动作用。另一方面，乡村振兴战略的实施为新型城镇化提供了劳动力、原材料等生产要素，同时还通过农业收入的持续增长不断释放农村消费市场潜力，为城镇工业品提供了产品消费市场，并为新型城镇化提供绿色空间和生态保障。

1.1.3 西藏协同推进乡村振兴与新型城镇化战略的必要性

西藏位于我国西南地区，地理区位情况复杂，少数民族人口高度集中，经济发展相对滞后、城镇化水平偏低、产业结构单一，农业产值占比高，农民收入增长缓慢，乡村发展相对滞后。长期以来，西藏面临新型城镇化进程缓慢和乡村发展滞后的双重困境。

（1）西藏地理区位情况的复杂性。西藏位于我国西南边陲，面积 120.28万平方公里，约占中国陆地总面积的八分之一①，虽面积辽阔，但由于其处于青藏高原西南部，平均海拔达到 4000 米以上，生存环境相对严峻。由于地形、地貌和大气环流的影响，西藏的气候独特而且复杂多样。在冬季西风和夏季西南季风的交替控制下，西藏干季和雨季的分别非常明显，各个地区的降水量差异很大，这给当地民众的生产生活带来了不利影响。另外，受复杂地质条件的影响，西藏地震、雪崩、泥石流、沙尘、干旱等自然灾害频发，严重影响了边境地区各族群众的生产生活，增加了他们的生产与生活成本。除此以外，西藏周边与缅甸、印度、不丹、尼泊尔等国接壤，共有 6 个地级市、1 个地区，74个县，其中 4 个地市的 21 个县、200 多个乡镇、600 多个行政村位于边境地带，边境地带的总面积达 39 万多平方公里，占全区总面积近 1/3[2]。作为祖国西南边疆的重要门户，西藏边境地带特别是城镇的稳定发展对维护西南边境安全和国防安全至关重要。

---

① 数据来源于《西藏概况》，西藏自治区人民政府官网，http://www.xizang.gov.cn/rsxz/qqjj/zrdl/201812/t20181221_34484.html。

（2）西藏人口及民族构成的特殊性。西藏是我国五个少数民族自治区之一，人口以藏族为主体。西藏自治区第七次全国人口普查主要数据显示，截至2020年5月20日，全区常住人口中，藏族人口为3 137 901人，其他少数民族人口为66 829人，汉族人口为443 370人。其他少数民族构成丰富，包括回族、门巴族、珞巴族、怒族、纳西族等。由于历史文化以及现实生产生活等方面的原因，这些人口数量较少的少数民族以及部分藏族，与生活在青藏高原以外的人们在生活习惯上存在较大的差异。如，西藏将职工的周工作时间规定为35小时；在实行全国性法定节假日的基础上，西藏还将"藏历新年""雪顿节"等藏族的传统节日列入自治区的节假日[3]；等等。

（3）西藏经济发展的相对落后。西藏统计局的统计数据表明，2020年年底，西藏总人口为364.81万人。其中，城镇人口为130.34万人，乡村人口为234.47万人，乡村人口超过半数。从人口城镇化率的指标来看，西藏人口城镇化率在2020年为35.7%，相较于2010年的22.67%、2015年的28.87%、2019年的34.51%呈现出逐年增长的态势。但与全国平均水平相比较，西藏人口城镇化率还处于相对较低的水平。从居民人均可支配收入指标来看，西藏2020年年末城镇居民人均可支配收入为41 156元，较上年名义增长10.01%；农村居民人均可支配收入为14 598元，较上年名义增长12.72%。同期全国城镇居民人均可支配收入43 834元，较上年名义增长率为3.5%；农村居民人均可支配收入17 131元，较上年名义增长率为6.9%。从绝对数额来看，西藏与全国总体收入情况还存在不小差距；但是从增长速度来看，不管是城镇还是农村居民的人均可支配收入都保持着较快增速。西藏城乡居民收入比值由上年的2.88缩小至2.81，全国城乡居民收入比值由上年的2.64缩小至2.56，总体来看，城乡居民收入相对差距进一步缩小，但西藏的城乡居民收入差距仍然比较明显。

综上所述，西藏新型城镇化建设面临着诸多挑战，乡村发展落后的问题仍然严峻。传统城乡二元结构仍然制约着西藏城乡经济和社会的发展，城乡收入差距显著的问题仍然存在。只有充分认识到城乡协同关系，建立健全促进城乡一体化的体制机制，才能为西藏经济高质量发展提供新动能。虽然城镇化会对区域经济增长以及资源要素流动产生推动力，但从西藏乃至全国其他偏远地区城镇化发展迅速但城乡收入差距仍然较大的事实来看，城镇化并不会必然缩小城乡收入，它与城镇化所处的发展阶段以及城乡收入差距的大小有直接关系。

西藏尚且处于城镇化水平相对较低的阶段，经济发展相对落后，基础设施与公共服务欠缺，金融资源失衡，现代农业产业体系还不健全，农民增收长效机制还不完善等，这导致了人才、资金、土地等要素由农村流向城镇有限，进而导致城镇化动力不足。由此可见，协同乡村振兴战略实施和新型城镇化发展，探寻一条因地制宜的城乡融合发展道路，对于促进新时代全区经济实现高质量发展具有重要意义。

1.2 乡村振兴与新型城镇化协同发展研究综述

1.2.1 乡村振兴与新型城镇化协同发展的理论逻辑

工业化进程中的城市与乡村关系是理论研究长期的热点领域。马克思主义经典理论认为，城乡关系发展大致经历混沌一体、分离对立、融合发展三个阶段（许彩玲等，2019）[4]，最终，"城市和乡村的对立的消灭不仅是可能的，它已经成为工业生产本身的直接需要"[5]，"公民公社将从事工业生产和农业生产，将结合城市生产和乡村生活的优点而避免二者的偏颇和缺点"[6]。西方学者弗里德曼（Friedman J R）（1966）提出了"中心–边缘"扩散理论，认为城市和农村分别是区域空间经济结构的中心和边缘地区，二者存在互动关系，开始时城市处于中心地位，集聚各种资源，但随着市场的扩大，城市资源会不断向边缘地带的农村扩散，经济空间结构会发生变化，最终实现城乡空间一体化[7]。冉恩（Thanh H X）等（2008）以及凯利（Cali M）等（2013）认为，城镇发展为乡村发展提供了分配效应、后向关联效应、非农就业效应和土地价格效应[8][9]。以上研究表明，城镇和乡村是一个国家或地区经济系统的重要组成部分，在不同的经济发展阶段，城镇和乡村在整个系统中发挥着不同的作用。在农业社会中乡村在经济系统中发挥着主导作用。工业革命改变了乡村在经济系统中的主导地位，使得城镇在经济系统中的地位逐渐上升，最终城镇成为经济系统的中心。随着工业化进程的不断加深，工业反哺农业，城镇带动农村，二者融合发展，共同推动经济系统向更高层次演化。

随着新型城镇化建设的提出，国内越来越多的学者对乡村振兴战略与新型城镇化之间的关系进行了探讨。康永征等（2018）认为，农村现代化与城镇化之间不再是过去"此长彼消"的相互关系，而是形成一种相互促进、互相推动的新型关系[10]。陈国生等（2018）的研究表明，乡村振兴水平对新型城镇化的正向影响会越来越大且越来越显著；新型城镇化对乡村振兴的影响尽管也是正向的，但随着时间的推移，这一影响越来越不显著[11]。俞云峰等（2020）研究发现，新型城镇化和乡村振兴的协同发展是促进城乡融合的重要途径，通过实证发现，当乡村振兴水平每提高 1%，城镇化率就会提高 0.94%[12]。汪锦军等（2019）研究表明，乡村振兴战略与新型城镇化二者之间并不是互相冲突的，两者在逻辑上是自洽的，在本质上是相互融通的[13]。唐惠敏（2019）提出，新型城镇化与乡村振兴的价值坚守是一致的[14]。蔡继明（2018）认为，在全面实施乡村振兴战略的过程中要同步大力推进新型城镇化战略，这样才能有效解决城乡协调发展问题[15]。陈丹等（2019）提出，建立健全城乡协同发展机制必须坚持新型城镇化和乡村振兴的双轮驱动，从而塑造新型城乡关系。她认为新型城镇化将产业发展和城镇建设二者有机结合起来，围绕城乡接合部来发展特色小镇和中心城镇，这样既有利于城镇的发展，也有利于激发乡村的活力[16]。陈丽莎（2018）、李梦娜（2019）等研究表明，乡村振兴与新型城镇化二者之间是相辅相成的，即乡村振兴的全面实施必须要依靠新型城镇化所带来的技术、投资与信息对称，新型城镇化进程也依赖于乡村振兴提供的粮食、能源、原料以及生态补偿[17][18]。刘彦随（2018）提出，乡村振兴战略与新型城镇化的耦合可以有效解决当前城市和乡村各自发展以及协同发展的问题[19]。桂华（2020）提出，乡村振兴战略和新型城镇化战略对于城乡融合发展而言应该起到相互促进的辩证关系，前者主要起到带动社会经济发展的作用，后者主要起到消化社会风险的作用[20]。刘依杭（2021）提出，新时代乡村振兴和新型城镇化的协同发展体现在产业兴旺与产业城市化、生态宜居与生态城镇化、乡风文明与社会城镇化、治理有效与空间城市化、生活富裕与经济城镇化五个层面[21]。以上学者关于乡村振兴战略与新型城镇化二者关系的研究文献表明，在新时代，新型城镇化和乡村振兴战略具有内在的统一性，二者相互促进，通过城乡融合发展共同着力于中国特色社会主义现代化目标的实现，二者各自目标的实现均离不开对方强有力的支撑。因此，新型城镇化和乡村振兴战略具有内在的协同发展理论逻辑。

1.2.2 乡村振兴与新型城镇化协同发展的机制与实现路径

在有关新型城镇化和乡村振兴战略协同发展的理论逻辑基础上，国内学者又进一步探讨了二者间的协同发展的机制和实现路径。王新涛（2019）以我国中部地区作为主要研究对象，研究了中部地区协同推进新型城镇化和乡村振兴战略的系统机制，包括：构建新型城镇化支持乡村产业振兴机制、乡村要素自由流动机制以及乡村现代化文明培育机制，构建乡村振兴推进农村转移人口市民化机制、新型城镇化建设生态保护机制，以推动城乡融合发展[22]。辛宝英（2020）提出，当前城乡融合的实现路径在于中小城市的发展，中小城市具有农民市民化身份转变的天然优势[23]。文丰安（2020）提出，只有城乡要素充分流动，立足于乡村振兴战略，实现产业、生态、社会一体的高质量城镇化，才能真正构建乡村振兴与新型城镇化的协调驱动，实现城乡融合发展[24]。徐维祥等（2019）在空间粘性理论的基础上，深入剖析了乡村振兴和新型城镇化耦合机理，将二者的耦合模式分为依附式耦合、吸收式耦合、反哺式耦合和交换式耦合，并就此提炼了相应的实现路径[25]。陈丽莎（2018）则认为政府与市场的合作是通过新型城镇化带来乡村振兴战略实现的基本策略，通过政府与市场的相互合作，实现城镇利益和乡村利益、社会公共利益和市场主体利益的多赢[17]。桂华（2020）指出在实践过程中，需要在城镇化定位、城乡资源配置方式选择、农村土地制度改革、乡村振兴分类实施策略、工商资本下乡控制、基层治理体系建设等方面开展城镇建设与乡村发展的协同[20]。段龙龙（2021）指出我国已经出现中国特色逆城镇化现象，新时代加快新型城镇化与乡村振兴协同发展，必须认清城镇化进程以及乡村发展过程中逆城镇化规律发挥的双重共振作用，通过引导融合型产业下乡、充实壮大县域空间载体和加强逆城镇化制度供给体系建设来实现[26]。上述研究表明，乡村振兴和新型城镇化的协同需要将二者共同置于更高层次的复杂系统之内，其协同机制和路径则取决于由二者构成的复杂系统与子系统的具体序参量，这些序参量包括各种生产要素、环境生态、组织制度等。

1.2.3 乡村振兴与新型城镇化协同发展的定量分析与测度

鉴于乡村振兴战略和新型城镇化发展的内在协同理论逻辑，国内学者结合不同的地理空间尺度，对二者间的协同关系进行了实证检验分析和系统协同度或耦合度的测度。雷娜等（2020）采用面板格兰杰因果检验实证分析了乡村振兴与新型城镇化的关系，结果表明，在短期内两大战略存在单向因果关系，长期存在双向因果关系，且两大战略之间的耦合协调度呈收敛性的增长特征[27]。徐维祥（2020）通过构建耦合协调度模型、空间马尔可夫链以及地理加权回归模型，分析了我国乡村振兴与新型城镇化耦合水平的时空差异、动态演变以及驱动因素，发现乡村振兴战略和新型城镇化耦合协调度呈"东高西低"的分布格局、耦合协调的溢出效应存在区域不对称性[28]。谭洁（2021）通过构建 G1–变异系数博弈论组合赋权的综合评价模型、耦合协调模型、空间自相关模型和障碍度模型，对我国各地区的乡村振兴与新型城镇化协同发展进行研究，结果表明，全国各省市 2002—2018 年乡村振兴、新型城镇化以及二者的耦合协调的空间分布总体上均呈现"华东>华北>中南>东北>西北>西南"的发展态势[29]。在省域层面上，吴旭晓（2019）以中部六个省市为研究对象，选取 2011—2017 年间的数据，运用耦合协调度模型来分析了六个省市城镇化与乡村振兴之间的耦合协调程度，并运用灰色系统 GM（0，N）模型讨论了耦合度的主要影响因素[30]。王亚歌（2020）利用熵权法和耦合协调度，计算了粤东西北地区的农业现代化和新型城镇化的指标权重，并从时间和空间两个维度分析其耦合协调度[31]。马亚飞等（2020）基于甘肃省 2010—2017 年的时间序列数据，采用耦合协调模型和 Tobit 模型对二者的耦合协调水平和影响因素进行研究[32]，江霞等（2021）选择了西北地区有代表性的省份——青海省，通过建立耦合协调度模型，从经济、社会、生态三方面入手，构建了新型城镇化和乡村振兴战略的评价指标体系，测算青海省在两大战略支持下的城乡耦合程度，得出了城乡融合发展下"不平衡"问题仍较突出的结论[33]。以上研究表明，乡村振兴战略与新型城镇化的协同度或耦合度有不同的测度方法，国内各省域乡村振兴战略与新型城镇化发展的耦合度存在着显著的差异，一般而言，东部地区优于西部地区，经济发达地区好于经济相对落后地区。

综上所述，在新时代，新型城镇化和乡村振兴战略协同发展具有内在的理论逻辑，二者的协同发展需要建构新的协同发展机制，开辟新的发展路径，国内不同区域的新型城镇化和乡村振兴战略的协同发展具有不同的水平，呈现出显著的不平衡特征。西藏作为我国西南地区重要的少数民族聚居地和边疆地区，在新型城镇化和乡村振兴战略实施方面取得了突出的成就，如何通过二者的协同，进一步提高西藏新型城镇化发展水平和实现乡村振兴，是一个具有重要理论意义和实践价值的问题。

1.3 乡村振兴与新型城镇化协同发展的国内实践

1.3.1 东部地区：景宁畲族自治县的实践

（1）景宁畲族自治县基本情况。景宁畲族自治县，浙江省丽水市辖县，位于浙江西南部、洞宫山脉中段，属浙南中山区。景宁设县于明景泰三年（1452），后几经撤并，于 1984 年获国务院批准设立景宁畲族自治县，现为全国唯一的畲族自治县，也是华东地区唯一的少数民族自治县。县域面积 1 950 平方公里，辖 2 个街道 4 个镇 15 个乡，全县户籍人口为 168 349 人，其中城镇人口 35 728 人，少数民族人口 20 242 人，畲族人口 18 539 人，常住人口 11.11 万人[34]。

（2）以县域城乡融合发展协同推进乡村振兴和新型城镇化。县域经济是我国国民经济构成的基本单元，是国家治理的重要基础性层级，也是推进新型城镇化实践的重要场域，还是促进工业化、信息化与农业现代化有效衔接的关键节点，因此县域成为城乡协同发展的关键纽带。为了推动县域城乡融合顺利实施，在制度层面上有所保障，近几年国务院连续颁布了相关政策意见，如，2021年的《中共中央 国务院关于全面推进乡村振兴加快农业农村现代化的意见》明确指出，要将县域作为城乡融合发展的重要着力点，进一步深化了城乡融合发展的构思与路径；《2021年新型城镇化和城乡融合发展重点任务》则将建设城乡融合发展试验区作为城乡一体化发展的关键性实践，县域成为乡村振兴与新型城镇化战略协同推进的重要载体。景宁强化畲乡特色，立足于山区特点，对本县的后发特征开展深入研究，在新型城镇化建设、乡村振兴以及城乡融合发展等方面进行了积极探索。

①着力破除阻碍城乡要素自由流动的体制机制弊端。景宁认识到实现城乡要素自由流动和平等交换的根本举措是破除现有的体制机制弊病，在重点领域与关键环节一直坚持体制机制改革与创新，着力打通资金、土地、人才等要素双向流动通道，实现资源的均衡合理配置。首先，在资金支持方面，统筹推进"政银保"合作机制，建立健全涉农贷款增量奖励机制，为乡村发展提供了大量的资金保障。一方面，推进信息化改革，开发了"三农大数据金融服务平台"，并对农业信贷征信体系和农业融资模式开展创新；另一方面，加大奖励力度以促进新型农村社区建设等领域的涉农信贷投放，探索建立"景宁600"生态农业发展、城乡融合发展等专项基金、少数民族发展等专项基金，促进金融资源流向重点领域。其次，在土地管理方面，景宁不断深化农村土地制度改革，统筹抓好农村土地管理制度创新和农村产权市场化流转。一方面，完善城乡建设用地增减挂钩制度和"县域统筹、跨村发展、股份经营、保底分红"联动发展机制，探索"台账式登记+政府兜底回购+交易流转"的集地券模式和创新"飞地抱团"模式，引导发展民宿、文创、康养、运动等业态；另一方面，推进农村土地确权登记颁证，探索"集体经营性建设用地入市+宅基地三权分置+农村产权交易平台市场化建设运营"集成式改革经验，推行"标的资产调研+潜在市场路演+线上线下宣传+网络公开竞拍"模式，规范和优化农村产权流转交易市场建设与服务[35]。最后，在人才流动方面，景宁县致力于畅通农民进城和人才下乡双向通道。一方面，为实现农村人口更高质量和更充分就业，促进农民就业转移，景宁加快澄照副城、包凤示范小区等项目建设，努力发挥服务业对于人口的吸纳作用；另一方面，贯彻实施人才强县战略，鼓励城乡人才合作交流，不仅允许农村集体经济组织探索人才吸纳机制，更鼓励外来人才创业兴业。

②积极探索生态产品价值高效转化机制，创新发展特色产业支撑城乡一体

化。景宁县拥有丰富的自然资源，是国家级生态示范区和省级生态县，生态效益非常显著。景宁牢牢把握住了生态优势，践行"生态经济化"与"经济生态化"理念，在创新城乡融合发展机制时将焦点放在了生态资源价值转换上，开展了一系列积极探索。

一是大力发展农业、文化、旅游一体化产业。景宁专注打造具有区域影响力和辐射带动作用的旅游示范县，一方面，积极融入浙闽赣皖国家东部生态旅游试验区建设，另一方面，切实推动A级景区村乡镇全覆盖。聚力建设少数民族特色村镇，推进美丽乡村和小城镇综合整治行动，打造生态宜居的美丽民族花园。在新型城镇化建设的同时，景宁也协同推进了乡村振兴战略，不忘将农民的安全感、获得感与幸福感放在重要位置。此外，传承与弘扬畲族文化也成为乡村振兴战略实施推进的又一方式。"好畲"特色旅游产品的策划与推广、国家级畲族文化创意产业园等重大文化项目的建设，使空间资源得以优化，也为各村镇建设完善各项乡村文化公共服务设施提供了相应的要素供给，从整体上优化了城乡布局形态和功能结构。景宁坚持"生态绿色可持续发展道路"，强化农村生态产品供给，努力挖掘生态"绿金"，助推当地经济与产业发展。例如景南乡依托良好的自然生态资源禀赋，大力发展生态产业，形成高山蔬菜、毛竹、农家乐民宿等3个主导产业，年产值近1亿元；大漈乡发挥高山气候优势，大力推进高山冷水茭白产业发展，建成茭白基地5 000余亩（1亩约等于667平方米），"可以生吃的茭白"品牌形象深入人心，亩均产值超8 000元，总产值近5 000万元；澄照乡围绕打造惠明茶乡，推进茶园有机化改造，全乡茶园面积达2.08万亩，2020年茶业产值达1亿元，人均茶业收入高达1.26万元[36]。景宁县各乡镇端稳生态饭碗，不仅使农民的钱包越来越鼓，也为新型城镇化发展提供了质量更好、性能更优的绿色生态产品。

二是聚力发展特色工业及新经济产业。优化全域创新环境，推动农民创业园向生态创业小镇转型，为工业园区集群发展提供平台，优化区域内的产业结构，将丽景民族工业园打造成为全国民族地区"飞地经济"样板；深入对接全省"凤凰行动"计划，着力推动县域企业股改挂牌上市工作，积极培育新兴产业。创新移动端全程无介质电子化登记平台，用足用活民族优惠政策，吸引高精专营销贸易型企业集团等线上主体"零见面"快速入驻。

三是探索发展更多生态产品价值转换产业。景宁于 2017 年年初全面启动"景宁 600"计划，即把海拔 600 米以上村庄出产的以茶叶、高山蔬菜、畲药等为主的生态农产品塑造成一个区域公共品牌，建立"景宁 600"产业带，完善"景宁 600"地域产品标准化生产体系和营销服务体系，大力提升农旅产品附加价值；探索金融机构对生态产品授信贷款机制，建立"生态信用存折"，推行与个人、企业、乡村生态信用相挂钩的信贷机制，推进生态产品价值转化为资金资本；坚持绿色循环低碳发展的产业导向，探索政府采购机制，加快健全生产者对自然资源约束性有偿使用等机制。

（3）乡村振兴和新型城镇化协同发展成效。

①城乡要素双向流动加快，要素配置效率提高。一是人口分布结构优化。下山脱贫、易地搬迁和解危解困工程顺利实施，累计整治地质灾害隐患点约 200 个，搬迁高山远山群众 3 万余人[35]，实现了农业劳动力转移，促进了有序自由流动的生产要素融入县域新型城镇化建设，为其提升综合承载能力、补齐短板弱项提供了助力。二是城乡资源达成共建共享。加大了基础教育投入，农村小班化教育模式成为全国模范，与省内名校名院持续深入合作，有效提升了基础教育水平，景宁也由此获得"全国义务教育基本均衡县""省教育基本现代化县"的称号。在优化城乡医疗资源配置方面，景宁坚持推进"城市医院下沉、医学人才下沉"，努力达成县域医疗卫生"服务能力提升、群众满意度提升"目标，县域内就诊率大幅提升。三是乡村土地制度改革深入推进。农村"两权"抵押贷款试点保障农民"带地进城"，林权抵押贷款发放额度、农村土地承包经营权确权颁证率逐年提高。

②探索推动 GEP（生态系统生产总值）价值多途径向 GDP（区域生产总值）转化。一是探索生态产品价值核算机制取得新成效，GEP 核算工作试点率先在乡镇开展。作为丽水市生态产品价值实现机制试点地区的大均乡，是全国首个完成 GEP 核算乡镇，获得了全国第一笔生态产品价值实现专项资金并由此出台了专项资金管理办法，所获资金全部注入大均乡两山生态发展有限公司，该公司自成立起就积极整合各村资源，为生态产品的供销问题提供保障，加快打

通生态资源、生态产品、生态商品、生态服务转化通道。二是推动生态产品价值实现取得新进展，探索建立了异地绿化交易平台。创新推出了"生态贷""景宁600精品畲农贷""白茶贷"等金融产品，将生态保护、生态经营、绿色生活等十余项指标纳入农户生态信用考核标准，将生态信用等级与贷款额度、利率紧密挂钩，让农户切实享受到红利，促进了当地民宿的发展，景宁也由此将优美风景、美好环境等优质生态产品纳入了民宿定价范畴，推行了全国首例民宿生态价值体系。

③推动了城乡经济的高质量发展。一是生态农业集聚发展。创建"景宁600"生态农产品公共品牌，建成生态基地7万多亩，创新推出"山海协作飞柜联盟""邮乐购"、网络直播等销售渠道，"景宁600"系列下7大类100余款农产品进入了长三角各大城市，实现了生态农产品价值的异地转化，不少子品牌还抢占了沿海地区生态农产品"高端消费市场"。二是大力推进生态工业体系建设。实施"飞地"经济模式，打破经济开发和行政管理的空间壁垒，借助民族政策发展区域总部经济，成功引进娃哈哈、上海飞科等一批优质企业落户。三是生态服务业发展速度加快，文化旅游配套产业逐渐完善。景宁创成"高等级景区县城""浙江省全域旅游示范县"，畲乡风情旅游吸引了国内外众多游客，"中国畲乡三月三"成为知名节庆，旅游总收入年均增长率达到20%以上。四是城乡居民收入实现较快增长。2020年常住居民人均可支配收入分别为41 735元和21 625元，分别增长4.3%和8.1%，收入差距比缩小为1.93:1。

④优化了城乡一体化空间格局。一是城市空间优化拓展。基本形成"一老一新一副城"的城市组团布局，景宁城区建成面积从1984年的0.69平方公里，扩大到现在的规划面积24.6平方公里。澄照副城安置本地以及英川等7个乡镇群众近千户。二是畲族文化得到有效传承保护。畲族特色村寨、花样村庄、风情小镇已通过美丽乡村风景线串珠成链，形成寨寨有畲风、村村有古韵、处处能体验的"畲族风情大花园"。三是城乡生态得到改善提升。县域Ⅰ、Ⅱ类水体占比达100%，空气环境质量优良率保持在98%以上，生态环境质量多年位居全国全省前列。

1.3.2 中部地区：岳西县温泉镇的实践

（1）岳西县温泉镇基本情况。安徽省岳西县温泉镇位于县城北郊，由原汤池、斯桥、东营三乡合并而成，原汤池乡地下热矿水 200 余年长涌不止，因此而得温泉镇名。温泉镇辖 12 个村，305 个村民组，全镇总面积 86 平方公里，耕地面积 1.896 7 万亩。温泉镇是中国特色小镇，省扩权试点镇，属县城规划区，是县城"五区同城"的重要组团。六潜高速、岳武高速、105 国道贯境而过，交通区位优越。温泉镇历史文化旅游资源丰富，镇内有新石器时代祠堂岗古文化遗址、清雍正御赐"节孝"牌坊、千年资福寺、罗源古茶场、百年汤池老街等，还有一批著名的自然旅游景观，如睡佛山、朝阳寺、国家 4A 景区天悦湾等。其中，温泉尤为著名，据《安庆府志》记载，汤池温泉为明代四大名泉之一，出水温度 57°C，含有镭、氡等多种微量元素。

（2）以建设"文化+旅游"特色小镇为抓手，协同推进乡村振兴与新型城镇化。2014 年，浙江省首先提出"特色小镇"概念，并结合浙江省原有的地方块状经济优势，立足于地区特色产业与人文情怀，陆续建立了一批生态环境优美、旅游与社区功能兼备的特色产业和小镇，为新型城镇化建设探索出了一条有效的路径。2016 年 7 月，住建部、发改委、财政部联合发布《关于开展特色小镇培育工作的通知》，指出 2020 年前将培育 1 000 个各具特色、富有活力的特色小镇，特色小镇由此走向蓬勃发展阶段。

安徽省在特色小镇的建设过程中，以乡村振兴战略"产业兴旺、生态宜居、乡风文明、治理有效、生活富裕"的总要求为指引，依托深厚的历史文化底蕴，在政府的支持下，大力发展乡村文化旅游，将文旅融合作为本省特色小镇发展的总体方向。安徽省"文化+"特色小镇的发展重视区域文化和特色小镇的协调，在此基础上要求各地加大保护历史文化资源的力度。岳西县县政府紧紧把握住特色小镇的发展机遇，先后出台了《中共岳西县委 岳西县人民政府关于温泉镇扩权强镇试点工作实施方案》《关于岳西县温泉镇实施扩权强镇工作有关机构编制工作的通知》等多项文件，为创建特色小镇工作提供指导。温泉镇遵循全省特色小镇的总体发展方向，并结合当地实际情况明确了重点发展的两大产业，即温泉国际养老养生文化产业和生态旅游服务业。

在打造温泉国际养老养生文化产业方面，重点打造了集观光度假、养生养老、疗养健身、文体会展、生态美食、休闲为一体的温泉国际养老养生文化产业园。以温泉为依托，围绕发展"春茶、夏游、秋果、冬泉"为主题的四季乡村休闲旅游，进一步整合禅宗文化、红色革命、地方民风民俗等旅游资源，将温泉特色小镇打造成集休闲、观光旅游、养老养生为一体的国内知名特色小镇[37]；在打造生态旅游服务业方面，充分利用岳西县独特的自然生态优势和丰富的旅游资源，着力实施"做活旅游"发展战略，相继开发了司空山、妙道山、鹞落坪、明堂山等自然生态景区和禅宗文化景区，使全县生态旅游得到较快的开发和利用。此外，岳西县充分开发和利用当地丰富的旅游文化资源，发展多样化的乡村文化产品，带动乡村文化产业发展，延长乡村文化产业链，增加了乡村文化产品附加值，助推了乡村产业转型与创新发展，为乡村振兴提供了新动能。

与此同时，温泉镇还大力推动道路等市政基础建设，完善公共服务设施。由此形成了以某一特色产业为依托，具有一定产业基础和清晰的产业定位，通过政府、企业等共同参与规划建设，使其具备独特的文化内涵、宜居宜游的环境、完善的基础设施，以及灵活的体制机制的区域发展模式。温泉镇在贯彻落实县委县政府创建全域旅游示范区部署的基础上，推动旅游、健康产业融合发展，进一步繁荣地方经济文化，宣传特色民族文化助推名优土特产销售，这种发展模式给当地农民提供了多渠道的就业机会，增加了农民收入，提高了农民生活水平。

（3）岳西县温泉镇乡村振兴和新型城镇化协同发展成效。

①基础设施建设不断完善。安徽省政府在坚持市场主导的原则下，按照政府引导、市场运作的要求，认真履行自身服务、管理职责，规划监督旅游特色小镇建设，突出企业主体作用，完善旅游特色小镇配套设施，为旅游特色小镇的招商引资提供了保障。在环境整治和生态保护工作中，温泉镇大力加强污水处理、垃圾处理等基础设施建设，建成了汤池河流域污水管网、垃圾中转处理场等多项环境整治设施。2019年开展集中整治22次，清理河道、沟渠50公里，

清运各类垃圾 1 500 车。积极推行消除土坯瓦房，农村住房人均面积达 31 平方米，全镇已有 9 960 多户住上楼房，占总户数的 95%，温泉镇乡村人居环境得到改善，乡村变得更加美丽。

特色小镇大多与城市地区的人口密集区有一定距离，为保障城市对特色小镇的辐射带动作用，加强道路设施建设成为关键。为此，温泉镇从 2014 年至 2017 年，改造了 3 条镇区主干道，新建了 2 条镇区道路和温莲（步文）大道温泉段。2018 年，温泉镇又自主投资 1 800 万元修建了全长 2.88 公里的斯桥至东营沥青大道，直接受益人口 2 万人。2019 年，温泉镇还推进了"四好农村公路"建设，硬化村组道路 63.5 公里，12 个村实现村村通水泥路，300 个村民小组实现组组通水泥路。

除了加大道路交通与生态环境建设，温泉镇的基础设施建设涉及城乡居民生活的方方面面。例如，所辖 12 个行政村中，有 11 个村完成了党群服务中心及文化健身广场、文化墙、乡村大舞台等附属设施的修建、靓化工程并投入使用。在金融服务、休闲娱乐、文化教育等社会公共基础设施领域都投入了大量的资金，使城乡面貌得到了持续改善，人民群众的幸福感明显加强。

②旅游经济及相关产业得到了快速发展。首先，在镇区规划中，以创建"温泉度假、休闲观光、滨河风景、养老产业"四个功能区域为目标，形成了大生态、大文化和大健康的三大产业发展体系。在大健康产业领域，文娱方面，天悦湾温泉公园设置有上古养生区、花卉养颜区、禅缘水艺馆、养生药疗区、室内温泉游泳池、冲浪池、大众娱乐泡池、亲亲鱼疗池、温泉理疗房、私密泡池、喷泉广场等功能区。养老方面，推行"大健康"理念，选择发展"候鸟式养老"和"旅居式养老"项目，成为全国一流、具有国际影响的文化旅游养生养老示范基地。度假方面，以养生文化为内涵，温泉洋房、别墅、公寓、会所、养生馆等相配套，打造独特的旅居度假产品，创建了国家 AAAA 级旅游景区，对全镇经济发展的带动作用明显。境内以温泉为主导的旅游景点还有睡佛山温泉度假村、汤池沐浴一条街等[35]。

其次，在发展特色农业方面，随着退耕还林，兴建蔬果、苗木、药材等特色农业种植基地，传统粮油作物种植面积大幅减少，农业产业结构顺利实现转型升级。2019年，实施退耕还林2 208亩，公益林面积达41 931亩，林木蓄积量7.8万立方米，粮食总产量6 840吨。茶叶、蚕桑仍为支柱产业。全镇有茶园8 700亩，2019年产干茶130吨，总产值910万元；有桑园7 600亩，2019年产鲜茧410吨，产值1 500万元，位居全县前列；有板栗1万亩、瓜蒌1 500亩，茯苓、天麻、百合等中药材2 000亩，三桠基地500亩，龙井蓝莓基地1 200亩，种植有机水果四季桃和有机葡萄150亩，发展高山蔬菜3 000亩，饲养生猪1万头，养羊2 000只，养家禽10万只，渔业养殖400多亩，各类规模养殖户达200户，初步形成"一村一品"经济发展格局。2018年，以温泉省级农业示范区、千亩蓝莓基地、美丽乡村等多种资源为依托，通过"资金+股金"的方式，整合资金3 500万元，注册成立了安徽龙井山居旅游发展有限公司，创建岳西县"龙井山居"休闲农业园，示范引领全村乡村旅游业发展，促进村级集体经济增收。

党的十八大以来，温泉镇充分利用区位优势，整合自有资源，强化招商引资，围绕特色小镇建设目标，推动城乡产业融合发展，全力构筑特色农业、商贸服务业、观光旅游业等齐头并进的区域现代经济体系。2020年，温泉镇共接纳游客120万人次，旅游营业收入达1.75亿元，并成功举办了第二届蓝莓旅游文化节、第五届天悦湾温泉文化节，旅游行业及相关产业发展势头良好。就经济总量来看，2020年温泉镇实现地区生产总值14.33亿元，年人均可支配收入17 380元，比2016年的人均可支配收入10 168元增长了70.93%。

1.3.3 西部地区：凯里市的实践

（1）贵州省凯里市基本情况。凯里市，简称"凯"，是黔东南苗族侗族自治州州府所在地，位于贵州省东部。凯里市地处云贵高原向中部丘陵过渡地段的苗岭山麓，清水江畔；东接台江县，西抵麻江县、福泉市，南连雷山、丹寨县，北邻黄平县。地势西南高，东北低，属中亚热带温暖湿润气候区，是典型的季风气候。截至2021年，全市辖11镇9个街道，辖区面积1569.69平方公里，城区规划面积792平方公里，少数民族占户籍人口的81.6%，是一个以苗族为主、多民族聚居的新兴城市，被誉为"苗侗明珠"。

（2）以易地搬迁式城镇化协同推进乡村振兴与新型城镇化。偏远特困群体由于长期被排斥在现代化和城镇化建设的边缘，难以享受到许多政策红利，致使他们在谋求自身发展相关信息时非常不便，生活观念也十分保守和传统。这部分群体无法像普通农村劳动人口一样，通过县域内、市域内、跨市以及跨省流动的方式来就业谋生并改善自己生活。党的十八大以来，在全面建成小康社会的目标引领下，国家通过易地搬迁工程将 960 万贫困人口集体迁出，建成了现代化的集中安置区 3.5 万个[38]。通过这项工程，贫困地区农村人口的空间分布得以调整、基础设施和公共服务建设得以完善、产业结构得以优化，人们的生活方式和观念习惯得以转变，生活环境和生活质量得以提升。凯里市协同推进新型城镇化和乡村振兴战略实施正是在这一宏大的政策背景之下进行。凯里市于 2014 年 11 月印发了《凯里市 2014 年扶贫生态移民工程实施方案》，2015年开始实施易地扶贫搬迁工作。自 2016 年以来，凯里市移民局为坚定帮助搬迁人口逐步实现脱贫致富的信念，鼓足干劲，把力量和智慧凝聚到脱贫攻坚的具体实践中，为全面建成小康社会以及乡村振兴战略的实施积累了宝贵经验。

"十三五"期间，贵州省总人口 4 528.63 万人，易地搬迁贫困人口数达到188 万人，占全省总人口的 4.15%。从实践看，贵州省 188 万易地搬迁贫困人口中，超过 95%是通过城镇化集中安置的，推动全省城镇化率提高超 3%[37]。凯里市总人口为 57.89 万人，易地搬迁贫困人口数达到 4.42 万人，易地搬迁贫困人口占比 7.64%。凯里市积极探索跨区域易地扶贫搬迁城镇化集中安置，先后建设上马石、白午、清江、冶炼厂、东出口移民安置小区，截至 2018 年 7月，已有黔东南台江县、剑河县、黄平县等 15 个县和凯里市龙场镇、万潮镇、湾溪街道等 15 个镇（街道）共计 5 570 户从大山乡村迁移到凯里市。凯里市以实施扶贫生态移民工程为契机，积极加快城镇化建设，由市扶贫生态移民局牵头，各镇（街道）配合，全力加快搬迁点的各项基础设施建设，不断完善安置点转换为城镇功能，通过实施扶贫生态移民工程，引导农村居民向城镇、向园区有序转移，努力提高城镇化水平，真正把"农民"变成"市民"。

易地搬迁为凯里这样的西部贫困地区城镇化开辟了新的道路，也是我国在新型城镇化道路上的一次有益探索。易地搬迁工程将贫困人群迁入了城镇化或是类城镇的社区，搭建了城镇化的基本框架，是一种强调城乡统筹、要素配置均衡、公共服务均等、土地集约利用、生态得到保护的城镇化。凯里市把发展产业、增强迁入群众创业就业技能作为生态移民工作的重点，加大招商引资力度，鼓励和支持农村合作经济组织，争取更多企业落户各个易地扶贫搬迁移民安置点，为搬迁群众提供富足的就业岗位。结合安置点实际和用工务工需求，进一步加大相关技能培训，为他们进厂就业创造条件，不断增加搬迁群众的工资性收入。从实践看，大部分易迁贫困人口在搬迁后集中在工业和服务业就业，生产方式的非农化程度较高，以凯里市白午街道清泉社区为例，在工业和服务业就业的易迁劳动力比例为58.6%和25.3%，从事农业的比例仅为8.2%，同时从事农业和非农业生产活动而获得收入的劳动力为7.9%；搬迁前人均年收入为6 000元，搬迁后人均年收入为6 720元[39]。

（3）凯里市乡村振兴和新型城镇化协同发展成效。

在城镇基础设施与公共服务建设方面，凯里市不断完善基础设施建设，建立好"八室、一站、一厅、两场所"（党支部、居委会、居务监督委员会办公室、多功能室、图书阅览室、文化活动室、综治中心室、老年日间照料中心室，卫生健康服务站，社区服务大厅，体育活动场所和应急避难场所）等公共基础设施。此外，凯里市积极完善易迁贫困人口子女的教育服务配套，在安置点规划建设了6所幼儿园、5所小学、1所中学，共提供学位5 940个，极大改善了易迁贫困人口子女的受教育条件[39]。

在推动移民生计转型的就业援助方面，凯里市也采取了一系列有效的措施。首先，以"培训＋就业＋创业"的模式促进搬迁人口就业。凯里市不仅重视为搬迁群众提供就业机会，更注重让他们拥有长期、稳定工作的能力。自2016年以来，凯里市累计开设技能培训60余期，帮助2 500余人实现了就业，提供就业培训的岗位主要包括家政、月嫂、保安、厨师、环卫、育婴师、养老护理等。凯里市除了为移民提供固定岗位工作，也鼓励移民开设服务摊点，允许移民经营早餐点（不得使用燃煤）、果蔬、擦鞋、缝补衣物等摊位，做起自己的"小生意"。截至2018年10月底，移民搬迁户免费申请并落实的摊位超过430个。同时，凯里市还通过在社区宣传栏张贴省内外招工信息、组织就业专场招聘会等途径，破除了移民信息闭塞的困境，引起了广大移民群众的积极响应。如 2016 年 8 月 20 日举办易地扶贫搬迁就业专场招聘会，当天人流量在 1 万以上，482 名求职人员与用人单位现场初步达成就业意向，其中易地搬迁安置人员 218 人。最后，凯里市积极为创业的移民群众提供优惠政策支持，助力他们创业兴业。

在产业扶持与资源要素整合方面，2018 年来，凯里市共实施扶贫资金项目 80 个。一是加大对特色农产品的支持力度。比如针对当地特色的食用菌种植产业，大力发展合作社，打造以"农商互联"为纽带的新型农商产品市场；利用当地的自然条件，将生态造林与绿色养殖有机结合，由当地企业投资建设林下鸡养殖产业。二是大力发展刺绣、农民画、银饰、蜡染等当地民族民间工艺项目。据统计，凯里市在工商部门注册的民族工艺品产业活动单位超过 500 余家，其中刺绣 216 家、银饰 134 家、蜡染 8 家、民族服饰 19 家、民族工艺品 34 家。三是动员当地爱心企业开展公益性活动，吸纳搬迁群众就业。如，贵州煌缔科技股份有限公司、贵州明望塑胶科技有限公司两家爱心企业 2019 年 7 月赴凯棠镇大坪村开展了绿色产业基金利益联结机制落实帮扶活动。两家绿色产业基金受资企业给大坪村 34 户贫困户每户发放了 4 000 元的帮扶款。另据 2018 年年底统计数据，移民安置点附近共有 167 家企业入驻，实现经营企业 36 家，可提供就业岗位 1 000 余个。

以上来自国内东、中、西部不同地区的新型城镇化实践表明，乡村振兴战略实施完全可以和新型城镇化发展建设协同进行，二者之间的协同存在着多个切入点，如基础设施建设、特色产业互动、城乡要素流动等。同时，不同地区乡村振兴背景下的新型城镇化存在着不同的发展路径，可以是以市场为主的产业推动型发展模式，也可以是以政府为主导、充分调动社会力量参与的政府推动型发展模式。从乡村振兴和新型城镇化的协同效果来看，乡村振兴战略的实施有力推动了新型城镇化的发展建设，为新型城镇化提供了一定的要素保障基础和条件；新型城镇化的发展则有力促进了乡村振兴战略的深入实施，为完善乡村基础设施建设、公共服务供给创造了条件，也为促进城镇生产要素流向乡村、城镇产业拉动乡村产业发展提供了平台和通道，进而有力地促进了城乡融合发展。以上这些案例中包含的成功经验，为探讨乡村振兴背景下西藏自治区新型城镇化的发展提供了大量有益启示。

1.4 主要内容与研究方法

1.4.1 主要内容

西藏作为民族地区中经济发展相对落后的地区，其新型城镇化和乡村振兴战略的实施面临着明显不同的内外部环境。面对城镇化进程相对滞后的现状，如何发挥新型城镇化和乡村振兴战略的协同作用，探索乡村振兴战略背景下，适合西藏实际情况的新型城镇化建设路径和政策是一个非常重要的问题，它对于新时代发展民族地区、边疆地区经济，促进民族地区、边疆地区富强，具有突出的理论意义和实践价值。为此，本书拟在构建民族地区乡村振兴与新型城镇化耦合发展理论框架的基础上，在分析西藏乡村振兴和新型城镇化建设发展现状的基础上，评估西藏乡村振兴和新型城镇化发展耦合度，并通过案例研究进一步厘清西藏乡村振兴和新型城镇化发展耦合机制与路径，提出乡村振兴背景下西藏新型城镇化的创新发展思路，最后提出相应支持新型城镇化建设发展的政策建议。全书研究内容包括：

（1）民族地区乡村振兴与新型城镇化耦合发展理论。从系统角度解析民族地区乡村振兴和新型城镇化的系统结构、功能和演变，从理论上提出民族地区乡村振兴与新型城镇化耦合机制。

（2）乡村振兴背景下西藏新型城镇化发展现状与趋势。回顾西藏新型城镇化发展进程与特点、乡村振兴战略实施与取得成就，分析研判乡村振兴背景下西藏新型城镇化发展前景与趋势。

（3）西藏乡村振兴与新型城镇化发展水平评价与耦合度分析。构建西藏乡村振兴与新型城镇化发展水平评价体系，分别对"十三五"以来西藏主要地区的乡村振兴发展水平、新型城镇化发展水平进行评估，对西藏乡村振兴与新型城镇化耦合度进行测度和分析。

（4）西藏乡村振兴与新型城镇化耦合发展案例研究。以"十三五"以来拉萨、林芝、昌都等地的乡村振兴与新型城镇化耦合发展实践为例，通过多案例比较研究，概括总结西藏推进乡村振兴与新型城镇化耦合协同发展的机制与路径。

（5）乡村振兴背景下西藏新型城镇化的创新发展。结合新时代西藏自治区发展基础和机遇，从新型城镇化发展建设新动能、发展战略和发展路径方面研究乡村振兴背景下西藏新型城镇化的创新发展。

（6）乡村振兴背景下西藏新型城镇化发展政策支持体系。在探讨乡村振兴背景下西藏自治区新型城镇化发展建设支持政策目标和政策制定原则的基础上，分别从经济政策、社会政策、民族边疆政策方面，提出乡村振兴背景下西藏新型城镇化发展重点支持政策建议。

1.4.2 研究方法

本书研究方法主要有：

（1）系统论方法。本书将西藏乡村振兴和新型城镇化视作一个包含城乡工农关系在内的复杂系统中的两个核心子系统，运用系统论的方法研究西藏自治区乡村振兴和新型城镇化两个核心子系统之间的协同发展关系，包括协同发展理论的构建、子系统耦合度的测度与系统分析等。

（2）多案例研究法。中央提出新型城镇化建设和乡村振兴战略以来，西藏自治区各地进行了大量卓有成效的实践探索，形成了不少具有鲜明特色的模式和路径。通过多案例研究，将乡村振兴和新型城镇化建设置于特定的情境中，既可以为进一步探索西藏自治区乡村振兴背景下新型城镇化建设路径和政策提供可靠依据，也可以为其他边疆少数民族地区和经济发展相对落后地区提供发展借鉴。

民族地区乡村振兴与新型城镇化耦合发展理论

改革开放以来，我国经济取得了持续快速的增长。在这一增长过程中，丰富的劳动力资源成为一段时期增长的主要要素力量，而这很大程度上归结于农业劳动生产率的提高和农村剩余劳动力的持续转移。在这一背景下，国内城镇化率不断提升，2011 年年末，常住人口城镇化率达到 51.27%，首次超过了 50%，比 1978 年年末提高 33.35 个百分点，年均提高 1.01 个百分点；到 2018 年改革开放四十周年时，常住人口城镇化率达到 59.58%。《国家新型城镇化规划（2014—2020 年）》指出，城镇化是现代化的必由之路，是保持经济持续健康发展的强大引擎，是解决农业农村农民问题的重要途径，也是加快产业结构转型升级的重要抓手，可见新型城镇化是一项社会-经济系统工程。《国家新型城镇化规划（2021—2035 年）》《"十四五"新型城镇化实施方案》指出，坚持走以人为本、四化同步、优化布局、生态文明、文化传承的中国特色新型城镇化道路。而乡村振兴战略的"产业兴旺、生态宜居、乡风文明、治理有效、生活富裕"总要求，也彰显了其所涉及的社会和经济的复杂性和系统性。为此，只有坚持系统论的观念和方法，才能更加准确地把握新时代乡村振兴和新型城镇化之间的关系。

2.1 系统论视角下的乡村振兴与新型城镇化

乡村振兴不仅涉及乡村产业发展和农民生活富裕这一核心经济命题，还涉及乡村治理、生态环境保护、文化传承与弘扬等社会命题。新型城镇化是以人为本的城镇化，新型城镇化离不开有竞争力产业的支撑、特色文化的凝聚、生态环境的保护和城镇社会的有效治理，其建设同样是一项融合了社会、经济等功能的系统工程。二者是城乡融合发展的重要主题，形成了特定城乡空间下社会-经济复杂系统。

2.1.1 系统论与社会-经济复杂系统分析

系统观念是马克思主义基本原理的重要内容，它认为系统是由相互作用、相互依赖的相对独立的子系统（或要素）按一定的规则秩序组合而成的、具有新功能的有机体。党的十八大以来，习近平总书记就坚持系统观念作出一系列重要论述。如，对于现代经济体系，他指出："现代化经济体系，是由社会经济活动的各个环节、各个层面、各个领域的相互关系和内在联系构成的一个有机整体。"对于生态环境保护，他指出："要用系统论的思想方法看问题，生态系统是一个有机生命躯体，应该统筹治水和治山、治水和治林、治水和治田、治山和治林等。"

系统的思想在中国传统文化中源远流长。如中国古籍《尚书·洪范》把五行（金、木、水、火、土）作为构成万物的基本要素，《道德经》则云"祸兮福之所倚；福兮祸之所伏"，《孙子兵法》在论述"兵者，国之大事"时说，"经之以五事，校之以计，而索其情：一曰道，二曰天，三曰地，四曰将、五曰法"。但作为一门科学的方法，人们公认系统论由理论生物学家贝塔朗菲（L. V. Bertalanffy）创立，其著作《一般系统理论基础、发展和应用》对此作了阐述。系统论的核心思想是系统的整体观点，任何系统都是一个有机整体，它不是其组成部分的简单相加，它拥有各个组成部分所不具有的新的功能或性质。因此，系统的运行和演化变迁既受系统各组成部分或子系统的运行或演化的影响，同时又具有系统作为整体运行和演化变迁的特征和路径。

按照系统规模的大小，系统可以分为小系统、大系统和巨系统。对于小系统而言，一般包含的要素或子系统较少，可以用简单的数学模型进行定量或定性的描述和分析；对于大系统而言，由于所包含的要素或子系统较多，一般难以对系统内的细节进行准确的分析；对于巨系统而言，则往往需要从宏观层面上讨论系统的运行和演化机理[40]。按照系统内部组成复杂程度，系统又可以分为简单系统、随机系统和复杂系统。简单系统与小系统的特征基本相似，随机系统的各组成部分之间的耦合则相对松散，而复杂系统的各组成部分之间则呈现出强耦合的关系，整体呈现非线性、网络化、自适应、自组织、复杂个体行为等特征。

根据系统的分类，社会-经济系统是一个巨系统，也是一个复杂系统。社会-经济系统中包含了社会子系统和经济子系统，二者之间相互影响，彼此制约。同时，社会子系统和经济系统本身同样是一个复杂系统。从社会子系统来看，不同的参与者、不同的利益诉求、不同的行为方式，导致了社会子系统同样呈现出非线性、网络化、自组织、涌现宏观等复杂系统特征。经济子系统亦如此。从我国乡村振兴战略和新型城镇化建设实践来看，涉及城乡社会和经济的各方面关系，这些社会或经济关系微观上错综复杂，宏观上则呈现出显著的规律性，城乡差距在不断缩小，一些地区的城乡正在不断融合。只有坚持系统理论和方法，才能更好地分析和解释这种微观无序、宏观有序的现象，并为进一步影响或干预系统的运行和演化变迁提供合理的政策建议。

2.1.2 乡村振兴与新型城镇化的系统性

（1）乡村振兴的系统性。党的十九大提出了实施乡村振兴战略，为新时代"三农"工作的开展提供了战略目标，也揭开了中国乡村阔步走向社会主义现代化的新篇章。乡村振兴的总体要求为产业兴旺、生态宜居、乡风文明、治理有效和生活富裕；从城乡关系上看，乡村振兴离不开城乡融合发展新体制机制的建立健全。2017年的中央农村工作会议进一步明确了实施乡村振兴战略的分阶段目标任务：到2020年，乡村振兴取得重要进展，制度框架和政策体系基本形成；到2035年，乡村振兴取得决定性进展，农业农村现代化基本实现；到2050年，乡村全面振兴，农业强、农村美、农民富全面实现。由此可见，乡村振兴战略及其实施是一项复杂的系统工程，它涉及城乡关系下乡村社会和经济发展的各个方面。

从乡村经济持续发展来看，产业兴旺、生活富裕呈现出系统性特征。从整体上看，产业兴旺为生活富裕提供了重要的物质基础和经济支持，没有产业兴旺，生活富裕就会缺乏物质内涵。同时，生活富裕又为产业兴旺提供了发展前提和不断提升的动力，没有生活富裕，乡村的社会消费能力必然受到限制，消费的总量规模和结构水平制约了乡村产业持续发展和不断升级的空间。故而产业兴旺与生活富裕相互依存，共同发展。进一步地，产业兴旺和生活富裕自身也表现为更小的子系统。乡村产业兴旺是多产业的融合发展兴旺，传统的以种植业、养殖业为主的第一产业的发展，极大地制约了乡村产业的发展空间，随着新兴技术特别是新一代信息技术在乡村地区应用的渗透和扩散、乡村文化和农业景观资源的深度挖掘以及城镇居民消费的持续升级，乡村产业的多元化已成为新时代乡村经济发展的新常态。在我国东部地区，乡村一、二、三产业融合及产业创新正在飞速发展，乡村已初步形成了自身的产业生态系统。同时，生活富裕也表现为系统性特征，其内涵不仅包括物质生活的富裕，还包括文化精神生活的富裕，这正体现了乡村振兴最终的目标，就是全面促进乡村地区人民群众的全面发展，而不仅仅是物质生活的持续改善和提升。

从乡村生态文明建设来看，乡村生态宜居是一项系统工程。"生态宜居"既对乡村生产方式提出了新的要求，也对乡村生活方式提出了新的要求，从这点来看，乡村生态宜居的建成本质上意味着乡村生产生活方式的历史性和系统性变迁。从生产方式上来看，随着乡村一、二、三产业融合和产业创新的不断深化，乡村的生产客观上也需要以绿色、低碳理念为指导，合理利用开发乡村自然资源，保护包括水、土壤、大气等在内的乡村生态环境，防止种植、养殖和深加工过程中的"三废"排放，不断降低化肥、农药、农用薄膜等化学品的使用量，走生产可持续发展之路。从生活方式来看，则要求乡村居民最终实现绿色、低碳消费方式。在生活垃圾的产生和处理方面，加强基础设施的建设，加大适用性设施的投入，持续推进农村生活垃圾的集中处理。加大对生态环境资源保护的宣传和教育，不断提高乡村居民的生态环境保护意识，促进乡村消费者绿色、低碳消费偏好的形成。

从乡村社会有效治理来看，治理方式和治理体系同样呈现出系统特征。在我国社会治理体系中，乡村治理一直都是发展的短板，特别是在经济发展相对落后的地区，主要表现为法治水平不高、村民自治能力不强、公众参与治理路径不多等。党的十九大报告提出："健全自治、法治、德治相结合的乡村治理体系"。健全乡村治理体系既要传承发展我国农耕文明中的优秀传统，又要建立健全党委领导、政府负责、社会协同、公众参与的现代乡村社会治理体制。中共中央办公厅、国务院办公厅 2019 年发布的《关于加强和改进乡村治理的指导意见》中指出："建立健全党委领导、政府负责、社会协同、公众参与、法治保障、科技支撑的现代乡村社会治理体制，以自治增活力、以法治强保障、以德治扬正气，健全党组织领导的自治、法治、德治相结合的乡村治理体系，构建共建共治共享的社会治理格局。"可见，新时代乡村社会治理无论是从治理方式，还是从治理的主体和治理的体系来看，都充分体现了系统原则，也产生了比传统治理更高的效率。

从乡村振兴战略总体要求来看，产业兴旺、生态宜居、乡风文明、治理有效、生活富裕也呈现出系统的特征。产业兴旺为乡村振兴提供了持续的内生发展动力，为生态宜居、乡风文明、治理有效、生活富裕提供了物质基础；生态宜居则为乡村产业兴旺、乡风文明、治理有效和生活富裕提供了良好的外部环境和生态资源要素；乡风文明则有利于进一步促进产业兴旺和生态宜居，也有利于提高乡村治理的效率，丰富人民群众的精神文化生活；治理有效则为产业兴旺、生态宜居、乡风文明、生活富裕提供了良好的制度环境和组织保障；而乡村居民生活富裕又会进一步推动乡村产业兴旺、生态宜居、乡风文明和治理有效向更高的发展阶段迈进。

（2）新型城镇化的系统性。城镇化是国家实现现代化的重要标志，是工业化发展的必然结果，往往伴随着大量人口由农村向城镇的长时间、大规模转移。进入 21 世纪后，我国进入快速的城镇化阶段，不少问题也随之出现。如，大量农村剩余劳动力融入城市社会，土地城镇化速度超过人口城镇化速度，城镇规划发展不合理致使"千城一面"，城镇的文化内涵和特色缺乏，等等。这一定程度上反映了当时国内城镇化整体表现为一种粗放的发展模式，所注重的是城镇化的速度和规模，注意的是城镇化的经济效益和发展成就，而缺少质量方面的考虑，特别是城镇化进程中转移人口的满意度和幸福感。尽管数量规模的扩张也是城镇化的重要指标，但从中长期来看，城镇化更需要具有可持续性，这就要求从系统的角度去解决早期城镇化进程中出现的各类问题。正因如此，2014 年颁布的《国家新型城镇化规划（2014—2020 年）》明确指出，新型城镇化要坚持"以人为本，公平共享""四化同步，统筹城乡""优化布局，集约高效""生态文明，绿色低碳""文化传承，彰显特色""市场主导，政府引导""统筹规划，分类指导"等指导思想。可以看出，新型城镇化强调了城镇化的综合发展，不仅包括城镇内部的发展，还包括新型工农城乡关系、大中小城市关系等的发展。

从以人为本的发展理念来看，新型城镇化突出强调人在城镇化中的核心地位，而人的全面发展需要系统的支撑。在早期的城镇化发展上，居住条件和生活环境成为城镇规划所考虑的重要甚至是唯一因素，而往往忽略了城镇的就业支撑。具体表现为，城镇无力发展有竞争力的产业，因而无法为农村转移人口提供就业岗位和就业机会。其结果是农村"空心化"和城镇"少人化"同时并存，大量从农业转移出来的人口仍不得不转向大型或中型城市谋职就业，城镇和乡村一同掉入发展陷阱。即使是转移人口实现了城镇化，但根本上没有融入城镇，这一问题的根源在于城镇缺乏产业培育和发展能力。在我国的城市体系中，小城镇处在城市体系的末端，在地理空间和文化上连接着城市和乡村。只有充分发挥小城镇的"桥梁"作用，才能发展出有竞争优势的城镇产业，从而为城镇居民提供更多的就业岗位和就业机会，最终实现城镇居民的就地发展。此外，人的全面发展还需要精神文化的强力支撑，这又对城镇特色文化建设和发展水平提出了更高的要求。从这一点来看，把城镇建设成为人的城镇必然是一项系统工程。

从绿色低碳发展来看，城镇绿色低碳生产生活方式的形成过程也是社会生产–消费大系统的演化变迁过程。新型城镇化建设离不开本地产业发展和产业升级，也客观上产生了消费和消费的持续升级，它对城镇居民的生产、生活方式提出了新的要求。2014 年颁布的《国家新型城镇化规划（2014—2020 年）》第十八章第一节明确指出，"将生态文明理念全面融入城市发展，构建绿色生产方式、生活方式和消费模式"，并对城市产业结构、能源结构、资源与利用、城市建筑、居民出行、废弃物回收、生活垃圾处理等提出了相应的规范。然而，新型城镇化建设中社会生产、生活方式的转变无法一蹴而就。一个城镇产业的发展与升级往往存在着显著的路径依赖效应，而城镇居民生活方式更是深受其过往习惯和文化的影响，加之新型城镇化建设往往伴随着农业人口的大量转移，城乡生产、生活方式的差异又进一步加深了城镇生产、生活的绿色低碳发展难度。由此可见，无论从城镇绿色低碳发展的要求来看，还是从城镇绿色低碳发展的实现进程来看，新型城镇化都呈现出显著的系统化特征。

从特色文化传承发展来看，城镇文化的发展既要注重传统城乡文化的传承与弘扬，也需要创新发展新时代富于时代精神的新城镇文化。《国家新型城镇化规划（2014—2020年）》第四章"指导思想"部分明确提出："根据不同地区的自然历史文化禀赋，体现区域差异性，提倡形态多样性，防止千城一面，发展有历史记忆、文化脉络、地域风貌、民族特点的美丽城镇，形成符合实际、各具特色的城镇化发展模式。"这是建立在对以往城镇化进程中文化内涵缺失所产生问题反思的基础上形成的。一方面，人是文化物种，从发达国家城镇化进程来看，一个国家或地区的城镇化建设不能失去传统文化根基和内涵，它是城镇文化内涵和文化表现的体现，而文化内涵及文化表现的差异化则是城镇差异化发展的重要内容，也是不同城镇居民全面发展的重要组成和内在要求。另一方面，文化又是创新发展和持续演化变迁的，文化创新也构成了新型城镇化建设的重要内容。传统文化和新时代创新文化的协同共生是新型城镇化建设中无法回避的现实问题，只有坚持系统分析的观点，才能更好地促进独具文化特色的新城镇的最终形成。

从工农城乡融合发展来看，新型城镇化建设处于更大的社会-经济复杂系统中。改革开放以来，随着农业剩余人口不断向城市转移，从"离土不离乡、离乡不离土"到"离乡又离土"，城镇化在塑造和推动我国城乡关系及其演变的过程中扮演着重要的角色。党的十八大提出了新型工农城乡关系，党的十九届五中全会提出，"推动形成工农互促、城乡互补、协调发展、共同繁荣的新型工农城乡关系，加快农业农村现代化"。新型城镇化建设在发展新型工农城乡关系中同样需要发挥重要的作用。《国家新型城镇化规划（2014—2020）年》第四章"指导思想"部分明确提出："推动信息化和工业化深度融合、工业化和城镇化良性互动、城镇化和农业现代化相互协调，促进城镇发展与产业支撑、就业转移和人口集聚相统一，促进城乡要素平等交换和公共资源均衡配置，形成以工促农、以城带乡、工农互惠、城乡一体的新型工农、城乡关系。"从新型城乡工农关系的内涵来看，其不仅涉及工农城乡关系的定位，还包含关系的发展动力、发展目标等。可见，新型城镇化建设推动新型工农城乡关系的形成同样也是一项系统工程，新型城镇化不能为城镇化而城镇化，而是需要置于新型工农城乡关系构建这一宏大的社会-经济系统之下进行。

2.1.3 城乡社会-经济大系统中的乡村振兴与新型城镇化

如上文所述，乡村振兴战略实施和新型城镇化都呈现出显著的系统性。不仅如此，从乡村振兴和新型城镇化的内容、参与主体、支持政策、空间等来看，二者之间还呈现出互相影响、互为促进的系统关系，这一系统关系存在于更高层次、更为复杂庞大的城乡社会-经济大系统。

从世界历史发展来看，城乡社会-经济大系统反映了人类社会活动和经济活动在不同发展阶段城乡关系的总和。在资本主义生产方式建立之前，城乡关系中的经济活动以乡村为主导，农业是社会财富创造的主要部门。按照法国重农主义学派代表性人物魁奈的观点，"土地是财富的唯一源泉，只有农业能够增加财富"[41]。随着资本主义生产方式在西欧各国的建立，城乡关系出现了颠覆性的变化。一方面，工业很快成为社会财富的重要创造部门，而农业则为工业提供生产原材料，工业大发展带动了农业的发展。如，英国第一次工业革命期间城市纺织业的发展促进了本国乡村羊养殖业的发展以及北美殖民地棉花种植业的发展，农业生产和组织方式不断变革，农业生产效率不断提高。另一方面，具有更高生产效率的城市工业部门提供了大量的就业岗位，形成了对劳动力的大量需求，而土地的不断集中和集约化使用又产生了大量的农业剩余劳动力，农业人口因此持续由乡村向城市流动，城镇化水平不断提高。从各国工业化的历史进程来看，城镇化与工业化相生相伴，同时还伴随着农业生产的历史性变迁，小农生产组织方式逐步退出历史舞台。

改革开放以来，中国工业化进程不断加深，城镇化水平也随之不断提高。1978 年，我国第一、二、三产业增加值占国内生产总值的比例依次为 28.2%、47.9%、23.9%，城镇化率为 17.9%。到 2020 年，我国全年国内生产总值首次突破百万亿元，达到 1 015 986 亿元，其中第一、二、三产业增加值占国内生产总值的比例依次为 7.7%、37.8%、54.5%。根据第七次全国人口普查的数据，到 2020 年 11 月，居住在城镇的人口为 901 991 162 人，占 63.89%；户籍人口城镇化率为 45.4%。若将时间前推到新中国成立，在工业化过程中，国内城乡关系呈现出阶段性变化的显著特征。有研究者将新中国成立后城乡关系的发展划分为五个阶段，即休养生息背景下的互惠型关系、赶超发展背景下的割裂型关系、农村改革背景下的恢复型关系、城市改革背景下的汲取型关系和城乡一体化背景下的反哺型关系[42]。随着乡村振兴战略的提出和实施，我国城乡关系发展进入新的历史阶段。一些研究者认为，乡村振兴是解决乡村发展不平衡不充分这一社会主要矛盾而提出的关键战略，乡村振兴战略的实施有利于进一步推动城乡融合发展并重塑中国的城乡关系，构建新型工农城乡关系的难点主要包括农民增收渠道少、农村土地利用低效、农业农村人才缺乏，构建新型工农城乡关系的要点在于促进城乡要素流动和资源统筹，发挥农业农村的多功能性[43][44]。从乡村振兴和新型城镇化的产生背景来看，二者均与推进新时代新型城乡工农关系的形成密切相关，都是构建新时代新型城乡工农关系、实现城乡融合发展的重要战略选择。从乡村振兴和新型城镇化的要求与内容来看，二者最终都必然导致新时代我国城乡社会和经济发生深刻的历史变化。

通过分析表明，乡村振兴和新型城镇化二者分别表现出显著的系统特征。而在新时代，乡村振兴和新型城镇化又同是新型工农城乡关系构建的两个重要战略选择。可见，二者之间具有相对的独立性，又同属于一个更大的系统。因此，可以运用系统论的方法，在城乡社会–经济系统的演化变迁中，来研究乡村振兴和新型城镇化两个子系统的耦合发展。在研究两个子系统的耦合机制之前，有必要先对两个子系统做进一步的分析。具体到西藏则又需要考虑到其作为民族地区的特殊情形。为此，以下分别对民族地区乡村振兴子系统和民族地区新型城镇化子系统进行解构分析。

2.2 民族地区乡村振兴子系统

乡村振兴战略的实施是一项系统性工程，民族地区乡村振兴则又有其区域社会、文化和经济发展的特殊性。陈文烈等（2021）认为[45]，民族地区作为一个处于快速发展中的区域经济结构，与相对发达地区的经济发展存在着系统性差异，故而民族地区的乡村振兴战略有其特定的情境和目标。乡村振兴战略的总要求表明，乡村振兴涉及产业发展、生态环境保护和资源可持续利用、文化传承、社会治理等多个领域。2018 年 7 月，习近平同志对实施乡村振兴战略作出重要指示，要坚持乡村全面振兴，抓重点、补短板、强弱项，实现乡村产业振兴、人才振兴、文化振兴、生态振兴、组织振兴，推动农业全面升级、农村全面进步、农民全面发展①。在新时代，民族地区发展不平衡不充分表现得更为突出，一些地区的脱贫攻坚成果还需要巩固强化，一些地区乡村振兴的内生动力还没有完全形成。这些都决定了民族地区乡村振兴子系统有其特殊的组成和特定的功能。

2.2.1 民族地区乡村振兴子系统的组成

系统论认为，一个大的系统中包含了若干子系统，而子系统中还可以进一步分为更小的系统；系统越复杂，系统的层级就越多。民族地区乡村振兴子系统和新型城镇化子系统同属于更高层级的民族地区社会–经济复杂系统，而其本身也包含了下一层级的子系统。民族地区乡村振兴子系统，由投入子系统、产出子系统和环境子系统三部分组成。其中，投入子系统是系统外部信息或能量的输入极，产出子系统是系统对外部的信息或能量的输出极，环境子系统则是系统与外部的交互端。

（1）民族地区乡村振兴子系统下的投入子系统。乡村振兴战略的实施离不开各种资源要素的投入。第一，乡村振兴需要人力资本的投入。没有人力资本的投入，乡村产业的发展、乡村环境资源的保护与可持续开发利用、乡村文化的繁荣、乡村社会的高效治理均无从谈起。对于民族地区的乡村振兴而言，人力资本更是投入的关键要素。由于历史和文化的原因，民族地区乡村居民对现代科学技术与经营管理等领域的专门知识和技能掌握非常不足，这导致了民族地区乡村人力资本长期处于较低的水平。新中国成立之后，普及九年制义务教育、向民族地区进行政策倾斜的高等教育以及社会培训等的大力开展，持续提升了民族地区乡村振兴的人力资本存量，但其整体仍处于相对落后的水平。第二，乡村振兴需要资金的投入。产业的发展、人力资本的累积、乡村宜居环境

---

① 中华人民共和国中央人民政府官网，http://www.gov.cn/xinwen/2018-07/05/content_5303799.htm。

的建设和传统文化的传承弘扬，都需要大量资金的投入。乡村振兴战略实施以来，中央和地方各级政府出台了系列相关的激励政策和优惠政策，旨在吸引更多的社会资本参与乡村振兴，同时，各级政府也通过财政转移、产业基金等方式，为民族地区乡村振兴提供了重要的资金投入保障。第三，乡村振兴需要土地的投入。从民族地区乡村传统产业发展来看，无论是种植业，还是养殖业，都需要土地的投入；从民族地区乡村产业创新和产业融合发展来看，也对土地投入提出了要求，如现代农业体系构建中的农业设施用地、民族地区乡村旅游建设用地等。在土地资源总量给定的情况下，乡村振兴中的土地资源面临着在不同产业的重新配置。第四，知识技术等要素的投入。现代农业体系的构建、乡村自然生态环境资源的保护、传统文化的传承，都离不开现代科学知识和专业技术的支撑。从一个国家或地区的工业化进程来看，城市往往是知识技术的生产地、聚集中心和扩散中心，而乡村大多处于扩散的边缘。具体到我国民族边疆地区，由于地理空间和民族文化的差异，新知识技术的传播规模、传播速度等又面临着更多的障碍和困难。与前述民族地区乡村人力资源有限累积相叠加，民族地区乡村振兴所需要的知识技术短板更为突出。进一步地，四种投入要素之间还存在相互影响的内在关系，共同决定了民族地区乡村振兴子系统中投入子系统的发展水平和演化变迁方向。如，民族地区乡村振兴中人力资本累积水平的不断提高，必将吸引更多的社会资本、更多的知识技术进入广大的乡村地区，民族地区的土地资源配置效率也将进一步得到提升，而这些投入的增加，又会进一步推动民族地区乡村人力资本向更高水平累积，进而形成整个投入子系统的反馈环。

（2）民族地区乡村振兴子系统下的产出子系统。乡村振兴是包括人才、产业、文化、组织等在内的全面振兴。对于民族地区而言，由于自然地理和民族文化的差异性，乡村振兴子系统下的产出子系统有一定的独特性。第一是乡村产业的发展。一般而言，当一个国家或地区进入后工业化社会后，工业反哺农业，城市进步带动乡村发展便会大量出现，并成为一种社会常态。乡村振兴战略的实施标志着我国工业化进程已进入后工业化阶段，乡村产业也将因此而迎来新的发展机遇。但对于民族地区的乡村而言，经济发展整体仍处于相对落后的状况。因此，民族地区乡村产业的发展规模和发展结构仍是产出子系统中关键的变量。第二是民族地区农民收入水平及收入增长。对"三农"问题，2013年4月9日，习近平总书记到博后村考察时提出"小康不小康，关键看老乡"；2013年12月，习近平总书记在中央农村工作会议上指出"中国要强，农业必须强；中国要美，农村必须美；中国要富，农民必须富"。这些重要论述指明了农民收入水平和收入增长的重要地位。乡村振兴战略的实施，就是要为农民收入水平提高和农民收入持续增长提供长效机制，衡量民族地区乡村振兴产出子系统的指标，必然要求包括民族地区农民收入水平与收入增长。第三是民族文化的传承弘扬。这是民族地区乡村振兴子系统不同于非民族地区乡村振兴子系统的标志性产出指标。中国是历史悠久的多民族国家，民族文化的多样性是中华文化的特质。一方面，民族地区乡村振兴战略的实施，需要紧紧依托民族文化的凝聚力和自信力。另一方面，民族地区乡村振兴战略的实施，需要进一步传承弘扬传统民族文化，并在新发展阶段持续推动民族文化的创新发展。同样地，以上产出子系统中三个方面的产出指标之间也存在着相互影响和促进的关系，共同衡量了产出子系统的发展水平以及演化变迁方向。如，产业发展规模和水平影响着农民收入水平和收入增长也对民族文化的传承弘扬带来一定的影响，并反过来进一步影响民族地区产业发展规模和水平的变化，进而形成产出子系统的反馈环。

（3）民族地区乡村振兴子系统下的环境子系统。民族地区的乡村振兴战略实施总置于特定的环境之下，这些环境因素组成了民族地区乡村振兴子系统下的环境子系统，它既影响着乡村振兴子系统下的投入子系统和产出子系统的发展与变迁，同时也随着投入子系统与产出子系统的发展变迁而不断演化变迁。第一是自然地理环境。民族地区位于特定的自然地理空间之下，自然地理环境深刻地影响着民族地区的产业结构及其调整变迁，也一定程度上决定着产业的产出效率，还对民族文化的历史形成和演变有着重要影响。第二是乡村振兴的政策环境。自提出实施乡村振兴战略以来，中央和地方各级政府出台了多领域、多层次的政策。这些政策一方面为乡村振兴吸引更多的资金、人才和投资项目提供了支持和激励，促进了社会资源在城乡间的重新配置，另一方面也为乡村振兴总要求和目标的实现提供了制度保障，对于乡村振兴的经济效益、社会效益、生态效益等的产出水平形成重要影响。第三是社会文化环境。社会文化环境为民族地区乡村振兴各主体提供了行为准则和规范，是社会资本累积速度和规模的重要影响因素，决定了社会交易成本的高低，也为市场、技术、组织、制度等的创新提供了具有不同属性的社会氛围。第四是营商环境。营商环境是市场主体经营管理的重要外部环境，是一个国家或地区区位竞争优势的重要组成。在传统二元城乡分割体制之下，乡村成为各类要素资源的净流出地，城市的营商环境得到了更多关注，乡村作为基层单位和基础性社会组织，由于产业发展的相对落后，对营商环境没有给予过多关注。随着乡村振兴战略的实施，乡村产业兴旺的实现离不开乡村产业结构的历史性变迁，乡村产业融合和产业创新的发展客观上对乡村的营商环境提出了更高的要求，这一要求不仅体现在持续提升基层行政效率上，还体现在基层市场环境、法治环境等的持续改善上。这就意味着，乡村产业的发展同样离不开优良的营商环境。不断改善的营商环境既能为乡村振兴吸引更多的产业资源要素，也能通过交易成本和行政管理成本的降低与节约提高乡村产业发展的效率与活力。

2.2.2 民族地区乡村振兴子系统的功能

民族地区乡村振兴子系统和新型城镇化子系统共同构成了民族地区城乡社会-经济复杂系统，两个子系统在促进民族地区城乡融合发展方面发挥着不同的系统功能作用。从民族地区乡村振兴子系统来看，其空间重点聚焦于民族地区的乡村。乡村振兴的总体要求是产业兴旺、生态宜居、乡风文明、有效治理和生活富裕，相应地，民族地区乡村振兴子系统主要有以下四个功能。

（1）民族地区乡村经济发展功能。我国的改革开放肇始于农村地区，家庭联产承包责任制极大地鼓励了农民的生产积极性和主动性，释放了农村经济发展的活力。随后乡镇企业的蓬勃发展又为农村的工业化奠定了一定的基础。然而，随着沿海地区加工贸易的迅速发展，城乡经济不断拉开差距，乡村劳动力、资金等生产要素流向城镇，乡村的要素累积发展能力不断削弱。加入世界贸易组织之后，我国经济发展进一步提速，城乡发展差距也相应地不断扩大。从 2004

年至 2022 年，中央连续十七年发布以"三农"为主题的一号文件，强调了"三农"问题在中国社会主义现代化建设时期的重要地位。从城镇居民和农村居民可支配收入的比较来看，城乡在这一指标上的差距在 2009 年达到最高值 3.33:1，2012 年为 3.10:1，2016 年为 2.72:1，2021 年则进一步降至 2.50:1[①]。由于我国改革开放从地理空间上首先是沿海沿江地区，沿边地区的改革开放相对较晚，加之民族地区的空间聚居特点，民族地区乡村经济的发展就显得更加滞后。乡村经济和民族地区经济已成为区域经济发展不平衡的重点领域，也是社会主义现代化建设的短板。在这一历史背景下，乡村振兴战略对于民族地区而言，从产业兴旺的维度来看，其产出目标就是要不断减少城乡的经济发展差距，缩小民族地区和非民族地区的区域经济发展差距；其投入目标就是要吸引更多的要素资源流向民族乡村地区，在新发展理念下保障更多的投资项目能落地生根，并实现民族乡村地区产业要素资源和社会资本的循环累积；其环境目标就是要持续改善乡村营商环境，提高民族乡村地区的区位优势，为民族地区的经济发展创造良好的内在基础和外部环境。

（2）民族地区乡村文化传承创新功能。党的十八大以来，习近平总书记曾在多个场合提到文化自信。2016 年 5 月 17 日，习近平总书记在哲学社会科学工作座谈会上指出："我们要坚定中国特色社会主义道路自信、理论自信、制度自信，说到底是要坚持文化自信。"在庆祝中国共产党成立九十五周年大会上的讲话中，习近平总书记强调："文化自信，是更基础、更广泛、更深厚的自信。在 5000 多年文明发展中孕育的中华优秀传统文化，在党和人民伟大斗争中孕育的革命文化和社会主义先进文化，积淀着中华民族最深层的精神追求，代表着中华民族独特的精神标识。"广大的乡村地区和民族地区，正是中华优秀传统文化和社会主义核心价值观的重要承载区，也是增强文化自信的重

① 国家统计局网站提供的数据显示，2021 年全国居民人均可支配收入中位数 29 975 元，增长 8.8%，中位数是平均数的 85.3%。其中，城镇居民人均可支配收入中位数 43 504 元，增长 7.7%，中位数是平均数的 91.8%；农村居民人均可支配收入中位数 16 902 元，增长 11.2%，中位数是平均数的 89.3%。城乡居民可支配收入中位数的比值为 2.574，略高于二者平均数的比值，因而城乡居民平均可支配收入之比，整体上可以从收入的角度来反映城乡发展差距。

要阵地。乡风文明是乡村振兴战略的总体要求之一,也是文化自信在乡村建设中的重要体现。在 2018 年中央一号文件《中共中央 国务院关于实施乡村振兴战略的意见》中指出,要"传承发展提升农村优秀传统文化",要"立足乡村文明,吸取城市文明及外来文化优秀成果,在保护传承的基础上,创造性转化、创新性发展,不断赋予时代内涵、丰富表现形式",要"广泛开展文明村镇、星级文明户、文明家庭等群众性精神文明创建活动"。2022 年的中央一号文件《中共中央 国务院关于做好 2022 年全面推进乡村振兴重点工作的意见》中再次强调,要"依托新时代文明实践中心、县级融媒体中心等平台开展对象化分众化宣传教育,弘扬和践行社会主义核心价值观",要"加强农耕文化传承保护,推进非物质文化遗产和重要农业文化遗产保护利用"。乡风文明对于民族地区的乡村而言,其重要性具有双重性,一是保障了中华民族文化的多样性,持续增强中华民族文化的认同感和凝聚力,二是在工业化进程中,传承和弘扬了民族地区乡村传统文化,有利于在传统民族文化的基础上创新发展新时代的民族文化。因而,民族地区乡村振兴战略的实施,并不是用工业文化去替代传统的民族文化,而是相互借鉴,在传承和弘扬优秀传统民族文化的基础上,融合社会主义核心价值观,实现其在中国特色社会主义新阶段的创新发展。乡村振兴战略对于民族地区而言,从乡风文明上来看,其产出目标就是要体现民族文化的特色和多样性,以及基于民族文化的乡村经济发展;其投入目标就是要通过特色民族文化增强当地居民的凝聚力和社会资本累积,提升对外部资金、人力、知识、技术等产业要素的吸引力;其环境目标就是要通过社会文化环境的营造和改善,持续提高乡村振兴子系统下的投入子系统和产出子系统的运行水平和效率。

(3)民族地区乡村生态保护功能。"生态宜居"是乡村振兴战略的总体要求之一。党的十九大报告提出:"建设生态文明是中华民族永续发展的千年大计。必须树立和践行绿水青山就是金山银山的理念。""两山"理念深刻地回答了如何看待和处理生态环境保护和经济发展之间的辩证关系的问题,为新时代生态文明建设提供了理论指导。乡村地区是我国生态文明建设的重要载体,也是"两山"理念的重要发源地。2005 年,时任浙江省委书记的习近平在浙江省安吉县余村调研时，首次提出"绿水青山就是金山银山"的重要论述，成为"两山"理念的起源。2015 年 4 月，"两山"理念正式写进《中共中央 国务院关于加快推进生态文明建设的意见》，其中，在与"三农"有关的领域，这一重要的文件提出了"加快美丽乡村建设""发展绿色产业""推进节能减排""保护和修复自然生态系统""全面推进污染防治"等行动和要求，并分别从乡村规划、乡村山水林田路综合治理、乡村垃圾处理与环境污染治理、农业生产方式转变、农村精神文明建设等方面作出了重要工作部署。可见，在新发展阶段，乡村振兴是生态文明的振兴，不能将乡村经济发展与环境保护对立起来，而是需要探索乡村生态价值的社会实现机制，将生态文明建设融入乡村的经济建设、政治建设、文化建设、社会建设，最终推动乡村的全面振兴。因而，民族地区乡村振兴战略的实施，并不是用工业文明去嵌入甚至替代传统的农耕文明，而是在生态文明建设的总体框架下，促进民族地区乡村经济、社会和文化的协同发展，形成既传承了传统生产生活方式，又融入了现代工业文明精华的民族地区乡村特有的生态文明。乡村振兴战略对于民族地区而言，从生态宜居的维度来看，其产出目标就是要保护乡村的自然生态环境，实现社会的绿色生产和绿色消费方式；其投入目标就是要吸引环境友好的产业技术，可持续利用自然生态资源，大力发展民族地区的生态农业经济和农业循环经济；其环境目标就是要加大乡村公共基础设施建设投入，坚持山水林田路综合治理，持续改善和提升乡村居住条件和环境，使农业成为有奔头的产业，让农民成为有吸引力的职业，让农村成为安居乐业的美丽家园。

（4）民族地区乡村社会治理功能。"治理有效"是乡村振兴战略总要求之一。2019 年 6 月，中共中央办公厅、国务院办公厅印发的《关于加强和改进乡村治理的指导意见》强调，要"坚持把保障和改善农村民生、促进农村和谐稳定作为根本目的，建立健全党委领导、政府负责、社会协同、公众参与、法治保障、科技支撑的现代乡村社会治理体制，以自治增活力、以法治强保障、以德治扬正气，健全党组织领导的自治、法治、德治相结合的乡村治理体系，构建共建共治共享的社会治理格局"[①]。对于民族地区乡村而言，由于地理空间

和民族文化等原因，现代社会治理体系和治理能力的发展相对落后。民族地区乡村振兴战略的实施需要有效的社会治理作为根本保障。一方面，现代社会治理体系通过发挥乡村振兴各主体的积极性和主动性，通过治理机制的不断完善和治理能力的持续提升，共同促进乡村产业兴旺、生态宜居、乡风文明和生活富裕的实现。另一方面，乡村自治、法治、德治相结合，为乡村振兴各主体的道德和行为提供了准则和规范，为乡村共建共治共享提供了组织框架和制度保障。乡村振兴战略对于民族地区而言，从社会治理的维度来看，其产出目标就是要实现主体的多元化、组织的多样性，以及治理手段的综合性和治理结果的高效性和公平性；其投入目标就是要为乡村振兴提供组织制度保障，降低社会交易成本，为民族地区乡村振兴吸引更多高质量的产业要素资源；其环境目标就是通过乡村治理的现代化体系构建，为持续改善乡村营商环境提供行政组织制度及运行等方面的支持。

2.2.3 民族地区乡村振兴子系统的演化

民族地区乡村振兴子系统的演化，不仅包括系统内各个子系统的演化，还包括民族地区乡村振兴子系统整体的演化。根据系统论原理，系统的演化是其内部各子系统或要素演化变迁的结果。因此，分析乡村振兴内部各子系统的演化，是分析整个乡村振兴子系统演化的前提和基础，乡村振兴投入子系统、产出子系统和环境子系统之间的协同演化，形成了整个乡村振兴子系统的演化。在系统内的组成要素（或子系统）中，要素的变化速度存在差异，一些变量的变化速度快，一些变量的变化速度慢，分别成为系统的快参量和慢参量（也称为序参量）。根据系统协同理论，系统的慢参量是影响和决定子系统演化的关键变量。同时，在演化的不同阶段，系统的序参量也可能会发生变化，即不同阶段的序参量可能相同，也可能不相同，需要具体进行分析。从 2018 年中央一号文件《中共中央 国务院关于实施关于实施乡村振兴战略的意见》中关于乡村振兴战略的目标任务来看：2020 年，乡村振兴取得重要进展，制度框架和政策体系基本形成；2035 年，乡村振兴取得决定性进展，农业农村现代化基本实现；2050 年，乡村全面振兴，农业强、农村美、农民富全面实现。由此可见，乡村振兴战略客观上由不同的发展阶段构成。乡村振兴战略提出之初，国内研究者普遍认为，对于经济相对落后的地区而言，其乡村振兴的目标在于精准脱贫并实现全面小康，随后则是巩固脱贫成果阶段。如前文分析所指出，由于自然地理资源和人力资本等禀赋差异，民族地区的乡村大多经济发展相对落后，因而，其乡村振兴的阶段划分也有其独特性。根据其经济和社会文化发展变迁的特点，以下将民族地区的乡村振兴分为全面脱贫阶段、巩固成果阶段、全面提升阶段和共同富裕阶段，并从这四个阶段来分析民族地区乡村振兴子系统及其所含各子系统的演化。

（1）民族地区乡村振兴投入子系统的演化。民族地区乡村振兴投入子系统包括人力资本、资金、土地和知识技术等系统要素，这些系统要素随着时间的推移而发生变化。在改革开放的早期阶段，东部沿海地区凭借区位优势，大力发展外向型经济，中西部地区和乡村地区的人力资本、资金和知识技术等可移动产业要素不断流向东部地区。国家西部大开发战略和乡村振兴战略的提出和深入实施，客观上为人力资本、资金和知识技术等要素向民族地区乡村的回流创造了政策条件和社会氛围，但这并不意味着这些关键的产业要素会自然、迅速地回流，它必然经历一个过程，即民族地区乡村振兴投入子系统的演化过程。在乡村振兴的不同阶段，这些要素的回流与累积变化速度存在着差异。在乡村振兴的全面脱贫阶段，系统的演化序参量是资金。在这一阶段，民族地区的乡村缺乏内生的发展资源要素，无论是产业扶贫，还是智力扶贫，都需要投入大量的资金。传统的资金来源渠道主要集中于政府的转移支付，远不能满足全面脱贫的资金需求。在各级政府的号召动员和支持激励下，一些企业实施项目扶贫和产业扶贫，为民族地区乡村振兴提供了大量的资金。2020 年，中国政府如期完成了新时代脱贫攻坚目标任务，困扰中华民族几千年的绝对贫困问题历史性地得到解决，民族地区乡村振兴进入巩固脱贫成果阶段。2020 年 12 月，中共中央、国务院颁布《关于实现巩固拓展脱贫攻坚成果同乡村振兴有效衔接的意见》明确指出，"脱贫地区经济活力和发展后劲明显增强，乡村产业质量效益和竞争力进一步提高""脱贫地区农民收入增速高于全国农民平均水平"。可见，在脱贫成果巩固阶段，提升民族地区乡村产业发展质量成为重点，乡村地区应具备产业资源要素的自我累积发展能力，这对乡村地区的人力资本提出了较高的要求，因而在乡村振兴的第二阶段，人力资本投入将成为影响投入子系统向更高水平演化的序参量。在更远的民族地区乡村振兴全面提升阶段，乡村不仅要拥有具有竞争优势的产业结构和民族特色产品，还需要拥有良好的生态环境和社会治理能力，知识技术必将成为投入子系统持续演化的序参量，它将从根本上决定民族地区乡村振兴是否具备内生的动力机制与自我发展能力，也将决定民族地区乡村振兴能否进入共同富裕阶段。图 2-1 概括了民族地区乡村振兴投入子系统的演化历程与不同阶段的演化序参量。其中，实线部分为投入子系统序参量突破成功演化路径，虚线部分为投入子系统序参量突破失败演化路径。

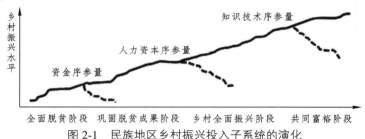

图 2-1　民族地区乡村振兴投入子系统的演化

（2）民族地区乡村振兴产出子系统的演化。民族地区乡村振兴产出子系统的要素主要包括产业发展、居民收入增长、民族文化传承弘扬。在产出子系统的各个演化阶段，序参量也存在着差异。在民族地区乡村振兴的全面脱贫阶段，居民收入增长是产出子系统演化的序参量，在社会各方力量的帮扶下，产业得以初步建立和发展，居民收入实现增长，并推动产出子系统向第二阶段演化。在巩固脱贫成果阶段，产业发展成为产出子系统的序参量，其原因在于前一阶段产业的发展很大程度上依赖于外部社会力量，产品往往缺乏竞争力，一旦失去相应的非市场力量支持，产业极有可能出现市场衰退甚至消亡。因而，在这一阶段，产业发展是系统向下一阶段演化的序参量，如果产业发展缺乏动力和竞争力，必将导致产出子系统被锁定于脱贫成果巩固阶段甚至返回第一阶段。在第三阶段，民族文化传承弘扬将成为产出子系统演化的序参量，其原因在于经过前一阶段的累积发展，民族地区乡村产业已具备一定的规模和基础，但还需要实现发展质量的全面提升，其关键在于依赖民族地区的特色优势资源来形成产业的核心竞争力。对于广大民族地区而言，特色差异化是核心竞争力的关键组成，民族文化的传承与弘扬则成为特色差异化的底层逻辑。一方面，民族地区乡村产业的全面提升需要从传统民族文化中汲取养分，强化产业产品的民族文化内涵；另一方面，乡村振兴中的产业创新、产业融合也只能从民族文化的历史渊薮中寻求创新的灵感与火花。因此，乡村振兴产出子系统能否走出第三阶段，向共同富裕的第四阶段演化，其关键变量是民族文化的弘扬与传承。同样地，如果在演化进程中，民族文化的传承与弘扬不能达到一定的阈值，必然被锁定于第三阶段，如果出现了民族文化的同化，民族地区乡村产业发展的基础必将削弱，产出子系统还有可能演化退回到第二阶段。图 2-2 显示了民族地区乡村振兴产出子系统的演化历程与不同阶段的演化序参量。其中，实线部分为产出子系统序参量突破成功演化路径，虚线部分为产出子系统序参量突破失败演化路径。

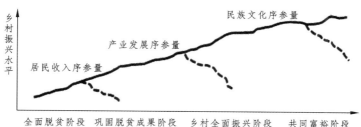

图 2-2   民族地区乡村振兴产出子系统的演化

（3）民族地区乡村振兴环境子系统的演化。民族地区乡村振兴环境子系统的要素包括自然地理环境、社会文化环境、政策环境和营商环境等。在乡村振兴的不同阶段，其环境子系统各阶段的序参量同样存在差异。在民族地区乡村振兴的全面脱贫阶段，自然地理环境是环境子系统的演化序参量，由于交通的不便利或自然条件的局限性，民族地区乡村产业发展受到很大的制约。故而通过道路、通信等公共基础设施的持续改善，能够有效地提升民族地区的乡村与外部的物理空间联系，从而为乡村产业的发展提供广阔的市场。随着乡村公共基础设施的不断完善，乡村产业具备了较好的发展外部条件和基础，民族地区乡村振兴环境子系统进入巩固脱贫成果阶段。在第二阶段，环境子系统演化的序参量是社会文化环境。对于大多数民族地区而言，巩固脱贫成果的关键在于增强民族地区乡村的自我发展能力特别是乡村产业要素的循环累积能力，社会文化环境成为其中重要的影响因素。在民族地区乡村振兴的第一阶段，社会帮扶是增强乡村地区发展能力的重要手段，但其最终目的是促进乡村地区内生的自我发展能力的形成。新的生产生活必然会要求有新的社会文化环境与之相适应，社会文化环境的适应性变迁也将有利于促进乡村地区自我发展能力的提升，从而推动乡村振兴环境子系统向第三阶段演化。当然，如果社会文化环境不能实现子系统阈值的突破，其结果可能被长期锁定于第二阶段之中，更有可能返回第一阶段。在民族地区乡村振兴的第三阶段，营商环境将成为环境子系统向更高阶段演化的序参量。民族地区乡村产业的高质量发展离不开优良的营商环境，对于广大的民族地区乡村而言，只有依托乡村治理水平和治理能力的持续提高来实现营商环境的不断改善，才能为乡村吸引更多高级产业资源要素，才能更好地实现乡村振兴的产业兴旺发展、生态环境保护等目标。相比于城镇地区，民族地区乡村产业发展所面临的营商环境改善存在更多和更大的障碍，特别是在制度和组织的建立健全及依法治理、依法行政等方面。营商环境的持续改善最终推动乡村振兴向第四阶段演化，为共同富裕的实现和维系提供良好的外部环境。图 2-3 概括了民族地区乡村振兴环境子系统的演化历程与不同阶段的演化序参量。其中，实线部分为环境子系统序参量突破成功演化路径，虚线部分为环境子系统序参量突破失败演化路径。

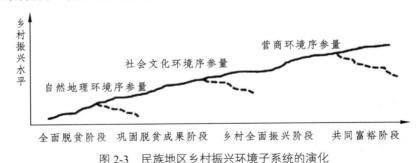

图 2-3　民族地区乡村振兴环境子系统的演化

（4）民族地区乡村振兴子系统的演化。民族地区乡村振兴子系统的演化进程与驱动力取决于系统内部各子系统之间的协同演化，即乡村振兴投入子系统、产出子系统和环境子系统之间的协同演化，而决定各子系统协同演化水平的则是其中的慢变子系统。在乡村振兴子系统的第一阶段——全面脱贫阶段，投入子系统的演化决定了整个系统能否向第二阶段——巩固脱贫成果阶段演化，因而是第一阶段的慢变子系统。回顾这一阶段民族地区乡村振兴子系统的演化，中央政府和地方各级政府投入了大量的人力、物力、财力开展精准扶贫。2021 年 2 月 25 日，习近平总书记在全国脱贫攻坚总结表彰大会上庄严宣告："我国脱贫攻坚战取得了全面胜利，现行标准下 9 899 万农村贫困人口全部脱贫，832 个贫困县全部摘帽，12.8 万个贫困村全部出列，区域性整体贫困得到解决。"[①]这标志着在社会各方的持续投入之下，包括民族地区乡村在内的全面脱贫已经实现，民族地区乡村振兴子系统成功向第二阶段演化。在民族地区乡村振兴子系统演化的第二阶段，产出子系统将成为整个子系统向第三阶段成功演化的决定力量（慢变子系统）。在第一阶段，乡村振兴产出子系统整体还处于较低阶段，进入巩固脱贫成果阶段后，如果乡村振兴产出子系统不能向更高水平演化，即产出子系统不能实现整个系统内生的自我发展能力的提高和内生动力能量的累积，整个子系统就可能被锁定于第二阶段，甚至会退回到第一阶段，返贫现象因此而出现。只有当产出子系统达到一定阈值后，才可能推动整个乡村振兴子系统向全面提升阶段演化。在乡村振兴子系统的全面提升阶段，环境子系统将决定乡村振兴子系统能否向第四阶段——共同富裕阶段演化，环境子系统成为此时的慢变子系统。其原因在于，在全面提升阶段，无论是民族地区乡村产业的发展，还是生态环境资源的保护、民族文化的传承与创新发展、乡村社会的有效治理，都需要友好的系统环境条件。友好的环境条件能够为乡村振兴吸引更多高级产业要素资源，并通过社会交易成本的降低和社会各方力量的协同，推动乡村产业、生态环境、乡风文明、社会治理等全面提升，为共同富裕的实现奠定坚实的物质条件和精神文化基础。图 2-4 描述了民族地区乡村振兴子系统的演化历程以及不同阶段的慢变子系统。实线部分为乡

---

① 中华人民共和国中央人民政府官网，http://www.gov.cn/xinwen/2021-02/26/content 5589080.htm。

村振兴子系统成功演化路径，虚线部分为乡村振兴子系统失败演化路径。

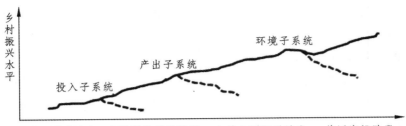

图 2-4　民族地区乡村振兴子系统的演化

2.3 民族地区新型城镇化子系统

相比于非民族地区，民族地区新型城镇化面临着特定的情境。在自然地理空间方面，我国民族地区多分布于丘陵、山地、高原等地区，且多位于边疆，自然生态环境脆弱，城镇化土地资源有限，是保疆卫土的前沿区域，社会安全稳定形势复杂。在产业经济发展方面，已有城镇大多为资源型城镇，待城镇化的地区产业结构基本上以农牧业为主，第三产业发展相对落后且以传统服务业为主，这些决定了民族地区城镇化的产业发展面临着更重的任务。从社会文化来看，我国是多民族国家，各民族有着独特的社会文化传统和风俗习惯，各民族地区人力资本的累积也存在着较大的差异，这决定了民族地区的新型城镇化不可能存在着统一的模式和路径，更不可能照搬东部沿海发达地区的新型城镇化模式和路径。为此，需要对民族地区新型城镇化子系统进行解构分析。

2.3.1 民族地区新型城镇化子系统的组成

2016 年 2 月 23 日，习近平总书记对深入推进新型城镇化建设作出重要指示，强调"要坚持以创新、协调、绿色、开放、共享的新发展理念为引领，以人的城镇化为核心，更加注重提高户籍人口城镇化率，更加注重城乡基本服务的均等化，更加注重环境、宜居和历史文脉的传承，更加注重提升人民群众的获得感和幸福感"。2013 年 11 月 28 日，习近平总书记在山东农科院召开座谈会时指出"城镇化不是土地城镇化，而是人口城镇化，不要拔苗助长，而要水到渠成，不要急于求成，而要积极稳妥"，这为分析民族地区新型城镇化子系统的构成提供了重要启示。

（1）民族地区新型城镇化投入子系统。一般而言，一个地区的城镇化过程大多伴随着城镇人口的持续增长，城镇面积的不断扩大，城镇聚集的产业要素资源与日俱多。因此，城镇化需要大量的人力、物力和财力的投入。在民族地区新型城镇化投入子系统中，主要包括土地、人口、公共服务、基础设施、生态保护投入等系统要素。第一是土地要素。新型城镇化要求土地实现集约使用，由于民族地区多处于土地资源相对稀缺的地区，城镇化土地的投入总量会受到更多的制约，因而对城镇化土地的效率也提出了更高的要求。第二是人口要素。新型城镇化强调以人为本，是人口的城镇化，而不是土地的城镇化。我国大多数民族地区人口密度不高，人口城镇化意味着分散居住的人口向城镇聚集，这对民族地区传统的生产生活方式形成了许多挑战。第三是公共服务与基础设施的投入。新型城镇化需要满足人民群众对美好生活的向往，以教育、文化、医疗、通信、道路交通等为代表的公共服务与基础设施发展应与之相匹配，而民族地区因为经济发展相对落后，在教育、医疗等方面无疑是社会投入的短板之一。第四是生态环境保护的投入。如前文分析所指出，民族地区多处于生态环境相对脆弱的区域，人口城镇化给自然生态环境带来一系列的挑战，城镇居民生产生活活动的强度加剧，加大了对本地自然生态环境的压力，无论是城镇的前期规划设计，还是对城镇生产生活中污染源的防治，都需要有足够的投入。

（2）民族地区新型城镇化产出子系统。新型城镇化的结果意味着城镇人口数量的增加，城镇产业的持续发展，城镇自然生态环境得到保护，城镇具有独特的文化，等等。因此，民族地区新型城镇化产出子系统包括了人口城镇化率、城镇人口就业率、产业发展水平、生态环境质量、文化繁荣程度等要素。第一是人口城镇化率。人口城镇化率有常住人口城镇化率和户籍人口城镇化率两个观测统计指标，考虑到民族地区的特殊情况，一般采用户籍人口城镇化率能够更准确地衡量民族地区的人口城镇化水平。第二是城镇人口就业率。新型城镇化要求能够为城镇居民提供更多的就业岗位和就业机会，城镇应发展成为居民宜居宜业的场所，而不是"空心化"的城镇。第三是产业发展水平。新型城镇化需要提高人口就业率，产业的持续发展和繁荣是其中的关键。没有产业支撑的城镇同样是"空心化"的城镇。对于民族地区而言，受传统农牧业生产和生态环境的影响和制约，城镇产业发展的重点应集中于第三产业，它能够为城镇居民提供数量众多的就业机会和就业岗位。第四是生态环境质量。新型城镇化是环境友好型的城镇化，它要求在城镇规划建设过程中，注重城镇的生态环境保护规划，注重对城镇大气、水、土壤、森林、河湖等生态环境的保护和污染防治。第五是文化繁荣程度。针对以往城镇化进程中所出现的"千城一面"的同质化现象，新型城镇化特别强调了特色文化在城镇化中的重要性，特色文化的传承和弘扬是新型城镇化中以人为本的重要体现。对于民族地区而言，鲜明的特色文化既是中华民族文化自信的重要载体，也是城镇基于特色文化发展特色产业的核心支撑。因此，在文化产出维度，民族地区新型城镇化需要更好地促进民族文化的传承、弘扬和创新发展。

（3）民族地区新型城镇化环境子系统。新型城镇化建设是在分析和总结以往城镇化举措和成效的基础上提出的新的城镇化理念和体系，因而其环境子系统也相应发生了变化。民族地区新型城镇化环境子系统有其特殊性，子系统的要素主要包含自然地理环境、社会文化环境、政策制度环境和营商环境。自然地理环境从土地等自然资源、生态环境保护、地形地貌等方面，为民族地区新型城镇化提供了基本的时空约束背景框架。社会文化环境则为民族地区新型城镇化的投入和产出行为提供了非正式的规范和准则，这些行为既包括经济领域的行为，也包括社会领域内的行为，它为民族地区城镇人口"市民化"提供了底层的社会文化共识。政策制度环境则为民族地区新型城镇化提供了正式的规范和准则，也给民族地区新型城镇化提供了外部激励和资源支持。伴随着城镇经济的不断发展，营商环境成为民族地区城镇招商引资、提升区域产业竞争力的重要因素，营商环境的持续完善则成为民族地区城镇向更高阶段发展演化的关键系统要素。

2.3.2 民族地区新型城镇化子系统的功能

新型城镇化是以人为本的城镇化，它为农村人口转向城镇人口提供了生产生活的承载空间，往往与一个地区社会和经济发展的现代化相生相伴。因而，新型城镇化绝不仅仅意味着人口的空间流动，其背后还包含了复杂的社会、经济、文化现象。2021 年的中央一号文件明确要求，统筹县域产业、基础设施、公共服务、基本农田、生态保护、城镇开发、村落分布等空间布局，强化县城综合服务能力，把乡镇建设成为服务农民的区域中心，实现县乡村功能衔接互补。对于民族地区而言，由于深受社会传统生产生活方式的影响，其新型城镇化子系统表现出更为复杂的功能。

（1）民族地区新型城镇化子系统的经济功能。城镇是经济发展的空间载体，它聚集了经济发展的各种资源要素，促进了产业分工，提高了经济效率，是城镇子系统充分发挥其他功能作用的基础。相比于乡村地区，民族地区城镇的经济功能更为复杂和多样。首先，城镇大多是民族地区一定空间范围内的经济中心。城镇聚集了大量的不同类型的要素资源，这为城镇发展多种产业提供了条件和基础，无论从产业结构，还是从产业规模、产业业态的多元化，城镇都远远比乡村复杂，其所创造的社会财富也多于乡村地区，其经济活动的强度也在乡村地区之上。其次，民族地区大多地广人稀，城镇往往是一个地区市场交易的中心，城镇内部、城乡之间的要素和产品成为交易的主要对象，新型城镇化的过程本质上是城镇市场分工不断细化、经济规模不断扩大的过程。再次，新型城镇化为民族地区城镇化人口提供了就业岗位和就业机会。城镇经济的发展离不开人力资源的投入，民族地区城镇经济的发展为当地居民提供了稳定的经济收入，为城镇经济的发展提供了消费市场，畅通了城镇经济的内部循环。最后，民族地区城镇的经济发展为城镇发挥社会、文化、生态功能提供了物质基础。无论是城镇的社会发展，还是文化的传承弘扬与创新、自然生态环境的保护，都需要持续的经济投入。只有当民族地区经济形成了内生的自我积累和循环发展的能力，这一投入机制才是长效、可持续的。

（2）民族地区新型城镇化子系统的社会功能。城镇大多是特定地理空间尺度下的政治活动中心，民族地区新型城镇化子系统的社会功能主要体现在区域社会治理中。首先，民族地区新型城镇化对社会治理提出了更高的标准和要求，既要发挥政府部门在社会治理中的主导作用，也要为社会公众参与城镇社会治理创造条件、提供机会，形成城镇社会治理的综合治理模式。其次，民族地区新型城镇化通过对公共基础设施和公共服务的投入，为城镇社会发展提供公共保障，提高城镇居民的社会福利，满足居民对教育、科技、文化、卫生、体育的公共服务需求，满足公众对社会治安、社会稳定等的基本诉求。最后，民族地区新型城镇化还需要通过现代信息技术的广泛应用，提高城镇防灾救灾等应急管理能力，完善灾害监测和预警体系，提高建筑灾害设防标准，完善突发公共事件应急预案和应急保障体系，加强灾害分析和信息公开，发挥社会力量在应急管理中的作用。

（3）民族地区新型城镇化子系统的文化功能。新型城镇化强调了文化的特色，这成为民族地区新型城镇化发展最大的优势和亮点。民族地区新型城镇化子系统具有特别的文化功能。首先，新型城镇化为彰显民族文化特色和历史传承等提供了重要载体，从城镇的物理空间规划，到城镇的文化产业发展，到城镇的品牌形象定位，无一不与民族文化的核心内涵密切相关。其次，新型城镇化为民族文化在新时代的创新发展提供了可能。对于民族地区而言，农牧业为传统的生产方式，新型城镇化为城镇化人口提供了新的生产活动和新的生活方式，对城镇化人口应遵守的行为规范和社会准则提出了新的要求，这就要求在传承弘扬民族优秀传统文化的同时，抛弃传统文化的糟粕，融入社会主义核心价值观，创新发展具有时代特征的民族文化，促进民族文化的繁荣发展。

（4）民族地区新型城镇化子系统的生态功能。新型城镇化要坚持绿色发展的理念，对于具有特别自然生态环境特点的民族地区而言，生态功能是新型城镇化子系统的核心功能之一。2013年12月，中央城镇化工作会议指出，城镇建设要体现尊重自然、顺应自然、天人合一的理念，依托现有山水脉络等独特风光，让城市融入大自然，让居民"望得见山、看得见水、记得住乡愁"。民族地区新型城镇化子系统的生态功能主要表现在以下几个方面。首先，城镇化需要以自然生态环境资源保护和可持续利用为前提，城镇的绿地面积、森林覆盖率等是重要的考核指标；在"三废"处理和污染防治方面，城镇也需要建立完备的体系，保持持续的资金投入，为蓝天保卫战、碧水保卫战、净土保卫战提供组织制度、人力资源和资金保障。其次，城镇化要提高城镇的规划水平，划定生态保护红线，严格按照主体功能区定位推动发展，提高城镇土地资源利用率，坚守耕地红线。再次，民族地区城镇化还需要逐步构建市场化的自然生态环境保护制度体系，发展环保市场，推行节能量、碳排放权、排污权、水权交易制度。最后，民族地区城镇化还需要建立和完善严格监管所有污染物排放的环境保护管理制度，独立进行环境监管和行政执法，对造成生态环境损害的责任者严格实行赔偿制度，并依法追究当事人的刑事责任，从而为民族地区生态文明建设确定依法治理提供组织制度框架体系。

2.3.3 民族地区新型城镇化子系统的演化

（1）民族地区新型城镇化投入子系统的演化。相对于经济发达地区，民族地区因其经济总量、人口总量、自然地理环境等因素制约，城镇化相对缓慢，这使得民族地区城镇化的投入子系统呈现出特别的演化进程。一方面，其他地区由传统城镇化向新型城镇化的转化为民族地区的新型城镇化提供了经验借鉴；另一方面，民族地区的新型城镇化需要更大的投入和面临着更多的约束，特别是生态环境红线的约束。在民族地区新型城镇化投入子系统的演化进程中，不同阶段的系统序参量存在着一定的差异。在新型城镇化的启动阶段，城镇人口是系统演化的序参量，新型城镇化是人的城镇化，相比于经济发达地区，民族地区的城镇人口数量普遍较小，城镇产业的发展和内部分工也相对有限，城镇市场规模难以对其他资源要素形成集聚，新型城镇化发展速度极为缓慢。故而在这一阶段，深化户籍制度改革，为城乡人口的自然流动创造良好的环境，需要大力发展民族地区城镇产业，特别是第三产业，通过第三产业吸引更多的人口来城镇就业，并进一步推动城镇产业分工的发展，扩大城镇市场规模，为城镇开展新型工业化提供基础。只有通过人口序参量的累积改变，达到人口数量阈值，才能推动民族地区新型城镇化子系统进行演化的第二阶段——新型城镇化快速发展阶段。在民族地区新型城镇化快速发展阶段，影响系统演化的序参量是资金及其累积能力。随着城镇人口的不断增多，城镇产业规模的扩大和结构的升级、基础设施的建设和公共服务等不平衡不充分等矛盾将会进一步制约城镇化发展，这些问题的解决需要大量的项目、资金及其累积能力，这些因素将成为影响投入子系统向更高阶段演化的关键因素，如果城镇经济不能实现资金累积能力的提升，使资金累积达到一定的阈值，民族地区新型城镇化子系统就会被锁定于快速发展演化阶段，一旦出现城镇人口的外流，投入子系统还有可能退回到第一阶段。当资金及其累积能力突破阈值后，民族地区新型城镇化进入提质增效阶段。在这一阶段，知识和技术将成为系统演化的序参量。民族地区经过快速城镇化阶段，人口和资金都已具备相当的规模，这为吸引和集聚高级产业要素，特别是高级人力资本奠定了一定的条件和基础，而这些高级人力资本正是知识和技术的重要载体。在民族地区新型城镇化提质增效阶段，只有更多的高级人才资本被吸纳，才能更好地形成产业的竞争力。当第三阶段的知识和技术累积到一定的量之后，才可能推动民族地区新型城镇化投入子系统向高质量发展阶段演化。图 2-5 描述了民族地区新型城镇化投入子系统的演化历程及各阶段的序参量。其中，实线部分为投入子系统序参量突破成功演化路径，虚线部分为投入子系统序参量突破失败演化路径。

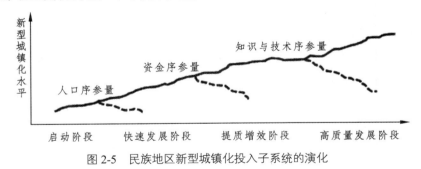

图 2-5　民族地区新型城镇化投入子系统的演化

（2）民族地区新型城镇化产出子系统的演化。民族地区新型城镇化产出子系统，包含了人口城镇化、城镇人口就业、产业发展水平、城镇生态水平、城镇文化发展等要素。在城镇化产出子系统的不同阶段，影响系统演化的序参量也各不相同。在民族地区城镇化的启动阶段，人口城镇化率是系统向下一阶段演化的慢变量，一般而言，民族地区人口总量相对较少，人口密度相对较低，加之传统农牧业仍然在社会经济中占有相当重要的地位，这使得民族地区人口城镇化率相比非民族地区低得多，这也是民族地区新型城镇化产出子系统迈入快速城镇化阶段的慢变量。只有当人口城镇化率达到一定的水平，才能使民族地区城镇化进入快速发展阶段，否则仍将被锁定于城镇化的启动阶段，城镇化水平自然很难实现突破。随着人口城镇化率达到某个阈值，民族地区新型城镇化进入快速发展阶段，这一阶段的系统序参量是产业发展水平。产业发展规模和水平的不断扩大，既能为城镇人口提供充分的就业机会和就业岗位，也能为进一步吸引更多的人口流入城镇创造条件，并为城镇产业结构的深入发展和升级变迁奠定基础。只有当民族地区城镇产业发展水平达到一定规模后，才能推动产出子系统向提质增效阶段演化，如果产业发展无法累积到阈值水平，民族地区新型城镇化就将被锁定于快速发展阶段。从历史和现实来看，文化繁荣既是经济和社会持续向好发展的结果，同时也是经济和社会进一步向好发展的驱动力。对于民族地区新型城镇化而言，民族文化既是城镇文化的底色和核心，是城镇的形象名片，也是城镇发展特色产业和优势产业的文化底蕴，"文化+"能够为民族地区新型城镇化打造更多具有核心竞争力的产业，从而推动城镇化由提质增效阶段向高质量发展阶段演化。如果文化繁荣程度不能够达到一定的阈值，民族地区新型城镇化就会被锁定于提质增效阶段，甚至有可能会演化退回到第二阶段。图 2-6 描述了民族地区新型城镇化产出子系统的演化历程及各阶段的序参量。其中，实线部分为产出子系统序参量突破成功演化路径，虚线部分为产出子系统序参量突破失败演化路径。

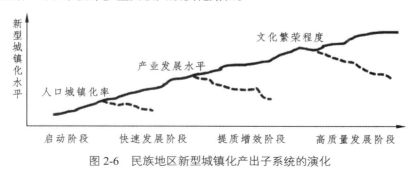

图 2-6 民族地区新型城镇化产出子系统的演化

（3）民族地区新型城镇化环境子系统的演化。民族地区新型城镇化环境子系统中的要素主要包括自然地理环境、社会人文环境、政策制度环境和营商环境。在环境子系统的不同阶段，决定系统演化的关键变量——序参量同样存在着差异。在民族地区新型城镇化启动阶段，环境子系统演化的序参量是自然地理环境。民族地区大多处于边远地区，地形、地貌和气候等自然地理环境条件相对较差，内外交通不便利，这导致了民族地区新型城镇化第一阶段的序参量表现为对自然地理条件的适应性改造，以增加城镇对内对外的联通，为城镇人口的流动迁移创造基本条件。在这一阶段，只有通过对民族地区公共基础设施特别是交通、通信等的持续投入，才能实现自然地理环境这一序参量的累积变化，从而推动民族地区新型城镇化环境子系统向快速发展阶段演化。在快速发展阶段，社会人文环境将成为环境子系统向更高阶段演化的序参量。在这一阶段，良好的社会人文环境可以为民族地区吸引产业要素和产业项目、壮大提升城镇产业规模和水平创造适应性环境，提供社会支持和激励。由于民族地区传统社会的相对封闭性，新型城镇化带来了人口和物质的大量流动和不同文化的交流，也对民族地区社会文化提出了新的要求，新的社会规范客观上需要被创造出来，否则就会影响环境子系统向更高阶段演化。当民族地区新型城镇化的社会人文环境变迁达到一定阈值后，形成对社会和经济发展强有力的支撑，环境子系统的演化才可能进入提质增效阶段。在民族地区新型城镇化的提质增效阶段，营商环境成为子系统向更高阶段演化的序参量。在这一阶段，只有通过营商环境的持续完善，才能形成新的区位优势，进而为城镇吸引更多的高级产业要素和引进具有竞争力的产业项目。营商环境的持续改善也为民族地区城镇建立与外部要素市场和产品的紧密联系创造了条件，随着与经济发达地区营商环境差异的消失，民族地区新型城镇化环境子系统逐步向高质量发展阶段演化。否则，环境子系统的演化就会被锁定于提质增效阶段，甚至退回到上一阶段。图 2-7 描述了民族地区新型城镇化环境子系统的演化历程及各阶段的序参量。其中，实线部分为环境子系统序参量突破成功演化路径，虚线部分为环境子系统序参量突破失败演化路径。

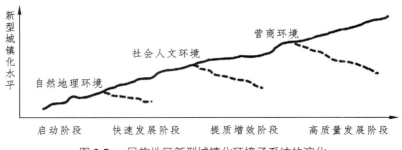

图 2-7　民族地区新型城镇化环境子系统的演化

（4）民族地区新型城镇化子系统的演化。与民族地区乡村振兴子系统相类似，民族地区新型城镇化的演化进程与驱动力同样取决于系统内部各子系统之间的协同演化，即新型城镇化投入子系统、产出子系统和环境子系统之间的协同演化，而决定各子系统协同演化水平的则是其中的慢变子系统。在民族地区新型城镇化启动阶段，投入子系统成为整个子系统演化中的慢变子系统，相比于环境子系统和产出子系统的演化，投入子系统的演化序参量——城镇人口的累积变化，是系统底层的变化，其变化也往往需要更长的时间，环境子系统的序参量——自然环境适应性的改造，可以在较短的时间内通过各级政府的大规模投资和引导支持来改变，而产出子系统在第一阶段的序参量——人口城镇化率，也直接取决于投入子系统城镇人口规模和变动的影响。当新型城镇化投入子系统成功实现向第二阶段演化，整个新型城镇化子系统便进入快速发展阶段。在快速发展阶段，环境子系统是整个子系统中的慢变子系统，其序参量——社会文化的变迁时间相对缓慢，并关系着城镇社会新关系和社会规范准则的形成和演化，其适应性变化直接影响到投入子系统的序参量——资金及其累积变化，也一定程度上决定了产出子系统序参量——产业发展水平，因而成为民族地区新型城镇化向提质增效阶段演化的决定性力量。只有当环境子系统实现了本阶段的成功演化，才可能使整个子系统进入提质增效阶段。在民族地区新型城镇化的提质增效阶段，投入子系统再次成为整个子系统中的慢变子系统。在这一阶段，投入子系统的序参量是知识与技术，相比于产出子系统的序参量——文化繁荣程度和环境子系统的序参量——营商环境，其变迁和累积需要更长的时间，考虑到民族地区的自然地理空间因素以及民族地区高级人力资本的稀缺性，知识和技术的累积无疑面临许多自然和社会方面的障碍。同时，知识和技术的累积也有利于促进民族地区文化的繁荣和营商环境的持续改善，故而投入子系统是民族地区新型城镇化子系统由提质增效阶段向高质量发展阶段演化的慢变子系统，一旦其实现成功演化，必然推动整个民族地区新型城镇化子系统进入新的阶段——高质量发展阶段。图 2-8 描述了民族地区新型城镇化子系统的演化历程以及不同阶段的慢变子系统。实线部分为新型城镇化子系统成功演化路径，虚线部分为新型城镇化子系统失败演化路径。

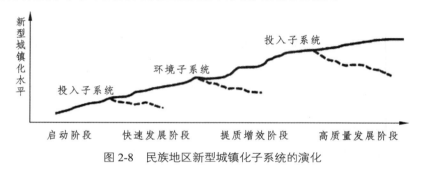

图 2-8　民族地区新型城镇化子系统的演化

2.4 民族地区乡村振兴与新型城镇化发展的耦合机制

对系统耦合的研究最先出现在电路系统中，随后在社会经济系统研究中被使用。一般而言，当两个系统间存在信息和能量的交换时，二者耦合就会发生。系统耦合会产生"1+1>2"的增量效应。如前文分析所指出，如果从城乡社会–经济复杂系统的角度来看，乡村振兴战略和新型城镇化都是其内部的子系统，二者之间在目标、任务和主体等方面存在着密切的联系，即信息和能量的交换。对于民族地区城乡社会–经济复杂系统而言，无论是乡村振兴子系统，还是新型城镇化子系统，其发展演化均处于早期阶段，厘清两个子系统之间的耦合机制对于探讨乡村振兴和新型城镇化的协同发展理论具有重要意义。

2.4.1 民族地区乡村振兴与新型城镇化耦合形式

民族地区乡村振兴子系统和新型城镇化子系统内部都包括了各自的投入子

系统、产出子系统和环境子系统，这些小子系统成为两个大子系统发生耦合关系的单元。乡村振兴子系统内的投入子系统、产出子系统和环境子系统，分别与新型城镇化子系统内的投入子系统、产出子系统和环境子系统存在着直接或间接的信息和能量的交换，进而形成了两个大子系统内部各个小子系统之间的直接耦合和间接耦合形式。

（1）直接耦合。在民族地区乡村振兴子系统和新型城镇化子系统的耦合中，包括乡村振兴投入子系统与新型城镇化投入子系统、乡村振兴产出子系统与新型城镇化产出子系统、乡村振兴环境子系统与新型城镇化环境子系统间的直接耦合。在两个投入子系统中，土地、资金、知识和技术等要素存在着替代和互补关系。以产业投资项目为例，如果产业的原材料供应环节在乡村，深加工生产环节或研发环节、营销环节在城镇，且属于同一投资者，则二者之间可能存在着资金的替代或挤出关系；且属于不同投资者，则二者之间存在着互补关系，产业链就会分布于乡村和城镇，城乡间的产业关系也因此而进一步加强，在特定的条件下还有可能形成覆盖城乡的区域产业集群。在两个产出子系统中，产业发展水平、生态发展水平、文化等要素之间存在着协同关系。在城乡融合发展背景下，城乡产业关联度进一步加强，以绿色生态产品为例，乡村生产绿色生态农产品，城镇可以通过绿色生态农产品的深加工或品牌营销，为乡村高品质农产品价值实现创造机会。同时，城乡生态文明建设也相互影响，城镇与乡村在生态环境资源保护和利用上可以开展协同和相互借鉴，进而推动城乡生态发展水平共同提高。在文化展示方面，民族地区乡村的乡风文明和城镇的特色文化同样可以相互印证，共同展示民族文化在不同时空的表现，进而提升民族文化的知名度，增强民族文化的自豪感和自信力，提高民族文化的展示和欣赏价值。在两个环境子系统之间同样存在着直接耦合关系。从地理空间上来看，民族地区大多地广人稀，城镇规模普遍不大，城乡自然地理环境很难有绝对的界限和显著的差别，由于自然生态环境的脆弱性，相比于平原和丘陵地区，民族地区城乡自然地理环境的关系更为紧密，往往一荣俱荣，一损俱损。在社会文化环境、政策制度环境、营商环境等方面，在城乡融合发展的大环境下，民族地区城乡之间通过相互影响和相互学习，促进两个环境子系统的协同演化。

（2）间接耦合。民族地区乡村振兴子系统和新型城镇化子系统的间接耦合主要表现为乡村振兴环境子系统对新型城镇化投入子系统的耦合、新型城镇化环境子系统对乡村振兴投入子系统的耦合、乡村振兴投入子系统对新型城镇化产出子系统的耦合、新型城镇化投入子系统对乡村振兴产出子系统的耦合。乡村振兴环境子系统的演化能够影响新型城镇化投入子系统的演化，民族地区传统城乡二元体制所形成的城乡分割是经济和管理的分割，但在社会文化、自然地理等环境上却无法分割。历史更为悠久的乡村社会文化环境和独特的自然地理环境，能够为新型城镇化吸引聚集人才、资金、知识和技术等要素提供协同支撑。新型城镇化环境子系统也发挥着同样的作用，能够为处于同一区域的乡村振兴吸引聚集各类产业要素提供协同支持。从城乡产业融合发展来看，城镇要发挥产业深加工和流通营销的作用，乡村要发挥高品质初级产品供应的作用，城乡公共服务要实现一体化发展，新型城镇化的投入子系统就必然会作用于乡村振兴的产出子系统，乡村振兴的投入子系统也同样会作用于新型城镇化的产出子系统，从而促进乡村振兴和新型城镇化两个产出子系统的协同演化。

图 2-9 概括了民族地区乡村振兴子系统与新型城镇化子系统之间的两类耦合形式。在图中，两个子系统同属于更大的民族地区社会–经济复杂系统，其内分别包括了各自的投入子系统、产出子系统和环境子系统并相互影响。在两大子系统中，同一类别的小子系统间的耦合为直接耦合，不同类小子系统之间的耦合为间接耦合。

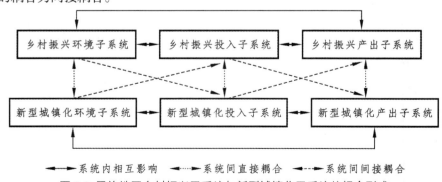

图 2-9 民族地区乡村振兴子系统与新型城镇化子系统的耦合形式

2.4.2 民族地区乡村振兴与新型城镇化耦合动力

（1）基于民族地区城乡共同富裕愿景使命驱动下的系统耦合。推动全体人民共同富裕，是社会主义制度优势的充分体现，是中国式现代化的重要特征，也是全面建设社会主义现代化国家的本质要求。2021年1月28日，习近平总书记在十九届中央政治局第二十七次集体学习时指出："促进全体人民共同富裕是一项长期任务，也是一项现实任务，必须摆在更加重要的位置，脚踏实地，久久为功，向着这个目标作出更加积极有为的努力。"共同富裕不仅包括物质生活的富裕，也包括精神生活的富裕。对于民族地区而言，整体上面临着非民族地区共同富裕的问题，这就要求全国人民的共同富裕必然包含民族地区的共同富裕。在民族地区内部同样也存在着城乡发展差异，传统城乡二元体制同样深深影响着民族地区城乡的发展，城镇的富裕程度高于乡村地区。党的十九届五中全会审议通过的《中华人民共和国国民经济和社会发展第十四个五年规划和2035年远景目标纲要》在论述"2035年远景目标"时指出："人民生活更加美好，人的全面发展、全体人民共同富裕取得更为明显的实质性进展。"无论是乡村振兴战略，还是新型城镇化，都是从根本上为城乡居民共同富裕创造更好的发展平台和发展机会，都是为了满足城乡居民的全面发展。乡村振兴总要求是"产业兴旺、生态宜居、乡风文明、治理有效和生活富裕"，新型城镇化则是以人为本的城镇化，要求有产业的支撑，有文化特色，这些都与共同富裕的愿景使命高度吻合。正是在共同富裕的愿景和使命的驱动下，乡村振兴和新型城镇化才可能产生系统的耦合效应，而不是城镇的发展以农村的凋敝为代价，更不会是乡村的振兴以城镇的衰落为代价。在共同富裕的愿景和使命的驱动下，乡村振兴和新型城镇化的环境、投入和产出可以通过协同，实现合作共赢和共生发展。此时，乡村振兴的投入与新型城镇化的投入不会发生挤出效应，乡村振兴的产出与新型城镇化的产出不会发生直接竞争，乡村振兴和新型城镇化成为城乡融合发展的不同方面。

（2）基于民族地区城乡生态文明建设任务驱动下的系统耦合。随着社会经济发展与资源环境之间张力的不断加大，中国提出了"五位一体"建设，将生态文明建设放在突出地位，融入经济建设、政治建设、文化建设、社会建设各方面和全过程，努力建设美丽中国，实现中华民族永续发展。习近平总书记在党的十九大报告中明确指出，"生态文明建设功在当代、利在千秋。我们要牢固树立社会主义生态文明观，推动形成人与自然和谐发展现代化建设新格局，为保护生态环境作出我们这代人的努力"。《中华人民共和国国民经济和社会发展第十四个五年规划和 2035 年远景目标纲要》提出，到 2035 年，"广泛形成绿色生产生活方式，碳排放达峰后稳中有降，生态环境根本好转，美丽中国建设目标基本实现"。对于民族地区城乡而言，生态文明建设面临着更为紧迫而艰巨的任务。民族地区自然地理环境更为脆弱，不少地区又处于全国重要的生态屏障区，国土资源更为稀缺，对国土空间资源的规划和利用水平与方式要求更高。加之乡村振兴和新型城镇化带来的区域产业结构的变迁调整，地区所面临的资源环境压力将显著加大。民族地区乡村振兴和新型城镇化还进一步促进了城乡之间商品市场和产业要素市场的进一步扩大，市场主体的交流也更为频繁，生态文明建设领域内的公共服务和政策的协同互动也因此而更为重要。这些都客观上使生态文明成为驱动民族地区乡村振兴和新型城镇化系统耦合的重要力量。在新的发展阶段，民族地区乡村振兴和新型城镇化都面临着重要的生态文明建设历史使命和目标任务，通过生态文明建设，既能满足乡村振兴"生态宜居"的总要求，也能体现新型城镇化是以人为本的城镇化，是可持续的城镇化，是推行和体现绿色生产方式和生活方式的重要空间载体。只有坚持系统观念，充分考虑和发挥乡村振兴和新型城镇化在城乡生态文明建设中的协同作用，才能更好地体现新时代社会主义生态文明建设的要求，才能更好地践行"绿水青山就是金山银山"的发展理念，才能"看得见山，望得见水，记得住乡愁"，进而更大幅度地增加城乡居民物质生活、精神生活中的绿色获得感和生态幸福感。

（3）基于民族地区城乡融合发展目标驱动下的系统耦合。党的十九大报告指出："中国特色社会主义进入新时代，我国社会主要矛盾已经转化为人民日益增长的美好生活需要和不平衡不充分的发展之间的矛盾。"当前我国最大的发展不平衡是城乡发展不平衡，最大的发展不充分是农村发展不充分。党的十九届五中全会提出："推动形成工农互促、城乡互补、协调发展、共同繁荣的新型工农城乡关系。"乡村振兴是为解决乡村发展不平衡不充分这一社会主要矛盾而提出的关键战略，乡村振兴战略的实施有利于进一步推动城乡融合发展并重塑中国的城乡关系，有利于改变农民增收渠道少、农村土地利用低效、农业农村人才缺乏等长期困扰农村发展的难题。一方面，民族地区新型城镇化为本地区乡村生态产品价值实现、剩余劳动力转移等创造了条件，也为农牧民持续增收提供了更广阔的市场支持，通过公共服务的均等化发展，提高乡村地区社会经济发展的基础。另一方面，民族地区通过乡村振兴战略的实施，为新型城镇化提供了重要的高品质初级产品和产成品消费市场。民族地区城乡融合发展的目标为其乡村振兴和新型城镇化系统耦合提供了持续的驱动力，民族地区城乡融合发展不仅表现在经济上投入与产出的融合，还表现为基础设施、公共服务、生态环境资源保护、民族文化传承弘扬与创新等各个领域的融合。这些领域和维度融合发展的长期性，必然为民族地区乡村振兴和新型城镇化系统耦合提供持久的驱动力。

2.4.3 民族地区乡村振兴与新型城镇化耦合路径

（1）产业导向下的耦合路径。相比于经济发达地区，民族地区经济发展整体处于相对滞后的状态，乡村地区的发展则差距更大，因此经济增长仍是民族地区城乡发展的重要任务。民族地区新型城镇化从空间范围来看，大多表现为以县域为代表的县乡级中心城镇（或场镇）。这些城镇往往是较大区域的经济中心，在城乡融合发展中一头连接着更大的地市级或省级城市，另一头则连接着广大的乡村地区。《中华人民共和国国民经济和社会发展第十四个五年规划和 2035 年远景目标纲要》提出，"重点支持中西部和东北城镇化地区县城建设，合理支持农产品主产区、重点生态功能区县城建设"。这为民族地区通过新型城镇化建设，带动乡村振兴战略的深入实施提供了重要的思路。以产业发展为导向，通过产业链网络，形成一条民族地区乡村振兴和新型城镇化系统耦合路径。通过对民族地区特色产业资源的深度挖掘，确定特色产业，打造优势产业，做好产业在城乡的空间布局。我国民族地区大多拥有特色鲜明的民族文化和丰厚的历史文化底蕴，自然地理环境也大多具有很强的观赏性，特色种植养殖和农牧产品也非常丰富，这些为发展全产业链奠定了良好的基础。通过产业链的规划和重整，民族地区完全可以在城乡地理空间上布局并形成具有民族区域特色和竞争优势的产业，既为乡村振兴的产业兴旺发展创造条件，也为新型城镇化提供产业支撑，防止城镇空心化。随着民族地区乡村振兴和新型城镇化两大子系统向更高阶段演化，产业在城乡的协同升级也同步发生，围绕产业链部署创新链，围绕创新链布局产业链，最终打造具有核心竞争力、覆盖城乡地区的特色优势产业，从而实现民族地区乡村振兴子系统和新型城镇化子系统在两个投入子系统、产出子系统的耦合。

（2）文化导向下的耦合路径。如前文所指出，在民族地区乡村振兴子系统和新型城镇化子系统中，文化作为两大子系统及其各自内部子系统的要素多次出现。一方面，文化出现在环境子系统中，作为社会行为规范和准则，它深刻地影响着民族地区乡村振兴和新型城镇化进程中各主体的投入、产出行为，另一方面，文化作为投入子系统和产出子系统的要素，可以为区域产业赋能，促进特色产品创新，打造民族地区城乡品牌形象，繁荣民族文化，增强民族文化自豪感和自信力。可见，在民族地区乡村振兴和新型城镇化两大子系统中，文化存在着多个耦合点，这也使得文化导向下的系统耦合路径更为复杂。它可以从民族地区乡村振兴子系统和新型城镇化子系统中的两个环境子系统之间实现系统的耦合，也可以从民族地区乡村振兴子系统和新型城镇化子系统中的两个产出子系统之间实现系统的耦合，还可以结合民族地区文化旅游产业的发展，从民族地区乡村振兴子系统和新型城镇化子系统中的两个投入子系统之间实现系统的耦合。文化导向下的耦合对于民族地区而言，具有更坚实和广泛的基础，也具有更持久的驱动力。

（3）公共基础设施导向下的耦合路径。随着人口城镇化率的不断提升，城镇公共设施的需求量不断增加。同样，乡村振兴战略的实施也离不大量公共基础设施的建设。传统的公共基础设施包括交通道路基础设施、公共教育文化基础设施、公共医疗基础设施、环境保护与治理公共基础设施等。新一代信息技术革命下，信息设施也成为城乡公共基础设施的重要组成部分。国内外已有研究表明，基础设施是促进区域经济持续发展的重要因素。新型城镇化和乡村振兴战略提出以来，城乡公共基础设施的协同发展已成为发展共识。从民族地区的乡村振兴来看，只有乡村各类公共基础设施有着坚实基础，特别是交通道路、通信等，才能更好地吸引集聚产业发展所需要的各类生产要素，才能与外部城镇大市场建立密切的联系。从民族地区的新型城镇化来看，只有拥有完善的公共基础设施，才能真正体现城镇化是以人为本的城镇化，是为了人的全面发展的城镇化。另外，一些公共基础设施本身具备网络规模的特征。不仅在建设上具有规模效应，达到一定规模后可以降低建造成本，还在营运管理上具有规模效应，使用者越多，公共基础设施的投入产出比就越高。在民族地区人口密度普遍不高的情况，公共基础设施导向下的乡村振兴子系统和新型城镇化子系统耦合就更具有实践价值和意义。通过民族地区多种类别公共基础设施的互联互通，实现乡村振兴子系统和新型城镇化子系统的耦合，其耦合点既可能体现在两大子系统各自的环境子系统之间，也可能体现在两大子系统各自的投入子系统和产出子系统之间。

乡村振兴背景下西藏
新型城镇化发展现状与趋势

西藏行政面积 120.28 万平方公里，下辖 6 个地级市、1 个地区，74 个县。2020 年第七次全国人口普查数据显示，全区常住人口为 364.81 万人，比 2010 年第六次全国人口普查增加 64.59 万人，年平均增长率为 1.97%；全区常住人口中，藏族人口 313.79 万人，其他少数民族人口 6.68 万人，汉族人口 44.34 万人；全区常住人口中，居住在城镇的人口为 130.34 万人，占 35.73%，居住在乡村的人口为 234.47 万人，占 64.27%。与 2010 年第六次全国人口普查相比，城镇人口比重提高 13.06 个百分点。但由于西藏特有的自然地理环境，加之地广人稀，经济发展相对落后，其城镇化水平仍低于全国平均水平。近年来，在乡村振兴背景下，西藏新型城镇化取得了一系列新的成就，明确提出全区新型城镇化要坚持以人为本、优化布局、生态文明、传承文化、产业支撑的基本原则，要突出沿路、沿边、沿江重点，建设一批特色小城镇，全区城镇化呈现出了新的发展特点和趋势。

3.1 改革开放以来西藏城镇化发展进程与特点

藏族是中华民族历史悠久的民族之一，由于自然地理和人口原因，西藏拥有一批以厚重历史感著名的城市和边镇，如西藏首府拉萨市，还有林芝、日喀则、江孜、昌都等。西藏和平解放后，随着进藏公路的修建，又形成了一批新的场镇，如八一镇、羊八井镇等。改革开放后，中央先后召开了七次西藏工作座谈会，极大地推动了西藏经济社会的高质量发展。在城镇化领域，形成了以自治区首府拉萨为中心、以各地市政府所在地为次中心、以县域或较大场镇为三级中心的城市构成的场镇城镇化体系。尽管城镇化率低于全国平均水平，但西藏的城镇化有其特殊之处。

3.1.1 城镇化率视角下的西藏城镇化发展进程

改革开放初期，西藏作为西部少数民族自治区，其城镇化水平略低于全国平均水平。1978 年西藏自治区城镇人口为 25.92 万，常住人口城镇化率仅为 11.3%，而全国平均水平则为 17.9%，二者相差 6.6 个百分点。到 2021 年，西

藏常住人口城镇化率为 36.61%，而全国平均水平为 64.72%，二者相差 28.11
个百分点。图 3-1 对比了 1978—2021 年西藏和全国的常住人口城镇化率水平，
可以看出，一方面，尽管二者整体都呈现上升走势，但在观察期内，西藏的整
体速度明显低于同期全国平均水平。另一方面，近年来，相比于全国平均的增
长速度，西藏城镇化率速度明显提高。根据图 3-1 西藏常住人口城镇化率的走
势，结合全国城镇化发展阶段，可以将改革开放以来西藏自治区的城镇化发展
分为三个阶段：1978—1988 年的城镇化初级阶段；1989–2012 年的城镇化调整
巩固阶段；2013 年以后的新型城镇化加速提升阶段。

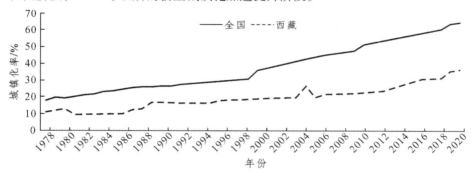

图 3-1　1978—2021 年西藏自治区和全国的城镇化率水平

（数据来源：根据历年西藏统计年鉴或统计公报整理，其中 2005 年为 1%人口抽样数据）

（1）第一阶段（1978—1988 年）。在 1985 年以前，西藏城镇化处于发展
艰难时期，在 1984 年，中央第二次西藏工作座谈会召开，党和国家作出实施
援藏工程的决定，促进了西藏各项事业的发展，城镇化率慢慢回升，城镇化率
从 1978 年的 11.31%增长到 1989 年的 16.72%。

（2）第二阶段（1989—2012 年）。从 1990 到 2000 年，由于援藏工程不
断完善和实施，西藏经济稳定发展，西藏城镇化进入缓慢发展时期，变化不大；
2001 年，党中央出台"西部大开发"政策，成立了西部地区开发领导小组，旨
在把东部沿海地区的剩余经济发展能力用于提高西部地区的经济和社会发展
水平，在西部大开发政策的指引下，西藏稳定发展，到 2012 年西藏城镇化率
达到 22.75%，但是与全国其他省区市相比，差距较大，西藏城镇化仍处于滞后
阶段。

（3）第三阶段（2013年至今）。2012年，国家首次定义了"新型城镇化"，提出坚持走中国特色新型工业化、信息化、城镇化、农业现代化道路。党和国家考虑到西藏的具体情况，加大了政策扶持力度，不断寻找适合西藏城镇化发展的路子，在西藏选择新型城镇化试点地区，大力提升拉萨–泽当城镇圈的核心地位，通过拉萨经济社会发展，来辐射带动核心圈内的城市共同。在一系列政策的扶持下，不断探索具有西藏特点的新型城镇化道路，西藏城镇化进入快速发展时期，截至2020年，西藏城镇化率由2012年的22.75%提高至32%。

3.1.2 改革开放以来西藏城镇化发展特点

改革开放以来西藏城镇化发展经历了三个阶段，不同阶段有着不同的特点，特别是2013年以后新型城镇化的发展。作为民族地区，西藏经济发展相对落后；作为自然生态环境脆弱地区和边防地区，西藏城镇化发展又有其独特性。整体上看，改革开放以来西藏城镇化发展的特点主要包括以下四个方面。

（1）经济总量规模有限，经济结构传统，城镇化速度远低于全国平均水平。从经济总量来看，2020年全国各省GDP总量排名中，西藏位于第三十一位，仅为1 903亿元，即使与邻近的青海相比较（同年GDP为3 006亿元），也仅占其63%，相差近一半。从经济结构来看，西藏主要是以农牧业为主，通过图3-2可以观察到，西藏自治区第一产业（农牧业为主）在三大产业结构中占比最大，经济结构较为传统，但反观其产业结构，第一产业的生产总值却占比最小。这与赵燕、郭朔宁（2021）[46]发现西藏的三大产业的产值结构已经形成"三二一"型结构，保持较稳定的发展态势，但是就业结构没有形成相应的"三二一"型序列，认为就业结构滞后于产业结构，第二产业就业明显不足的研究结果相符合。城镇化需要产业发展来支持，它既能持续扩大城镇的市场规模和主体间的分工交易，也能够为城镇居民提供更多的就业岗位和就业机会，并在产业结构的升级调整中吸引更多的人员流入城镇。显然，西藏的经济发展难以对城镇化形成强有力的支撑，也导致全区城镇化率无论是程度还是速度，都处于较低水平。在2019年全国各省城镇化率排名中，西藏城镇化率仅为31.75%，同期全国平均城镇化率为60.60%，排位省级区域第三十一名。

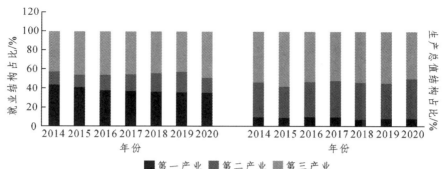

图 3-2 西藏三大产业生产总值与就业结构占比

（数据来源：根据西藏 2015—2021 年统计年鉴数据整理所得）

（2）生态环境脆弱的高原城镇化。西藏自治区位于青藏高原，是青藏高原的主要组成部分。青藏高原地势高峻，地势由西北向东南倾斜，平均海拔 4 000 米以上，是世界海拔最高的区域，被誉为"世界屋脊""地球的第三极"，也被称为"亚洲水塔"，储存着世界上仅次于南北极的固态水，是十多条大江大河和数以千计的大小湖泊的源头，仅我国就有 1/5 的水来自青藏高原，是我国水资源安全战略基地和水能资源接续基地。西藏自治区的生态环境既体现出脆弱性，也体现出多样性。一方面，作为高海拔地区，全区 90%以上土地处于高寒状态，气候干旱、缺氧，生态系统具有不稳定性、敏感性、易变性等脆弱性特征；另一方面，由于地形地貌类型多样且地域差异很大，形成了从亚热带到寒带、从低山谷地到高原高山等多样性生态环境。同时，由于受全球气候变暖以及社会经济活动日益频繁的影响，西藏自治区生态环境正面临着严峻的挑战，如冰川消融、草场沙化、水土流失等。西藏作为我国重要的生态功能区和边境地区，是我国重要的生态屏障和安全屏障，其城镇化必然需要考虑到高原地区特有的自然地理环境，其生态红线要求更高。由于自然地理环境的特殊性，相比其他地区，西藏道路交通、通信等基础设施建设发展也相对落后，加之高原地区地广人稀，使得西藏地区城镇化发展所带来的规模效应也非常有限。由于其所面临的自然地理环境条件的独特性，可以说，西藏地区城镇化发展是在特殊地区探索一条特殊的发展道路。因此，西藏城镇化的发展水平不能仅仅从人口城镇化率这个常用指标来衡量，还必须把与其特有的自然生态环境的融合发展程度作为重要考量。

（3）彰显了民族和边疆特色的城镇化。西藏民族文化特色鲜明，在城镇化进程中，民族特色始终是区域城镇化的核心和底层支撑，既要满足当地居民需要、赋予时代气息，又要较好地保持历史传统，展现民族风情，增添各级城镇的民族历史厚度和民族文化色彩。以山南市杰德秀镇为例，该镇为全区首批 20 个特色小城镇示范点，被称为"邦典之乡"，杰德秀邦典以色彩斑斓、图案精美、配色考究、种类多样而闻名。杰德秀邦典工序多，从原材料羊毛到七彩的邦典，需要经过捻线、染色、织造等 10 多道工序，已有五六百年的手工织造历史。依托传统民族文化，杰德秀镇已成功入选全国第二批特色旅游小镇，千年古镇焕发出无限生机。作为边疆地区，西藏自治区还建设形成了一批著名的边境口岸城镇，充分利用边境区位便利，扩大了国家之间的边境市场，为城镇化提供了强有力的经济支撑，为国家间贸易投资和社会文化交往交流提供了重要平台和载体。如，位于日喀则市的吉隆镇，地处喜马拉雅山脉南麓，素有"喜马拉雅后花园"之称。吉隆距离尼泊尔边境仅 23.5 公里，自古就是中国西藏与尼泊尔交往通商的要地。1961 年，吉隆镇设立海关，作为开放口岸；1978 年，吉隆口岸被国务院确定为国家一级陆路通商口岸。统计数据表明，2019 年，吉隆口岸进出口货物总值达 37.52 亿元，增长 10.40%；边民互市贸易总值达 255.625 万元，增长 107.2%；进出境人员达 19 万余人次①。

（4）政府主导政策推动下的城镇化。与国内发达地区相比，西藏自治区地广人稀，农牧业在经济结构中占比大，经济发展水平相对落后，内生动力不足，城镇发育能力相对较弱。加上地理空间的阻隔和陆地交通的不便利，西藏很难融入周边经济相对发达省市经济圈，故而完全依靠自身来加快新型城镇化速度难度很大。新中国成立以来，西藏因特殊的地理位置和特殊的发展情况，一直都是中央政府关注的重点区域，也是全国帮扶的重点。从中央第二次西藏工作座谈会作出援藏工程决定开始，到 2000 年西部大开发战略正式实施，再到近年来西藏开展的新型城镇化试点，以及实施易地扶贫搬迁等政策，为推动西藏

---

① 吉隆县人民政府官网，http://www.jilong.gov.cn/news-detail.thtml?cid=27192。

城镇化发展和建设发挥了关键作用。仅以国资委下属的中央企业为例，"十三五"期间，中央企业持续加大援建援藏力度，累计投资 1 342 亿元，实施产业项目 9 900 个，截至 2020 年年底，中央企业在藏分支机构 170 家，资产总额 2 128 亿元，在岗员工 2 万人，其中少数民族员工 1.3 万人。此外，中央企业对口支援西藏 21 个县（区），同时承担了西藏 233 个县、乡、村帮扶任务，"十三五"时期累计投入各类无偿援助帮扶资金 45.3 亿元，投入 2 亿元开展教育援藏，援建学校、幼儿园等教育机构 76 所，投入 1.7 亿元开展医疗援藏，援建医院、卫生所、卫生室等医疗机构 72 所，为西藏自治区城镇化发展作出了重要贡献①。由此可见，西藏城镇化建设是在政府主导推动下的城镇化建设，也毋庸讳言，其城镇化对政府政策存在较大的依赖。

3.1.3 西藏城镇化中存在的主要问题

作为边疆民族地区，受其特殊的自然地理和历史文化背景影响，西藏自治区的城镇化所面临的制约和需要解决的问题也非常复杂。

（1）区域经济发展不平衡导致部分城镇化内生动力不足。西藏地区地广人稀，城市数量较少，且多以小城镇为主。城市和小城镇经济发展极不均衡，在数量较少的城市，集中了西藏 60% 以上的人口和大多数的经济主体。第四次全国经济普查数据显示②，2018 年年末，拉萨市拥有第二产业和第三产业法人单位 1.5 万个，占全区的 32.3%，比 2013 年年末增长 203.2%；日喀则市拥有法人单位 1.1 万个，占 23.5%，增长 127.4%；昌都市拥有法人单位 0.7 万个，占 14.5%，增长 102.8%；林芝市拥有法人单位 0.3 万个，占 7.8%，增长 105.8%；山南市拥有法人单位 0.4 万个，占 8.6%，增长 76.6%；那曲市拥有法人单位 0.5 万个，占 10.0%，增长 56.3%；阿里地区拥有法人单位 0.2 万个，占 3.3%，增长 86.2%。拉萨市拥有产业活动单位 1.7 万个，占全区的 31.6%；日喀则市 1.3 万个，占

---

① 中国西藏网，http://ttt.tibet.cn/cn/index/news/202109/t20210917_7064539.html。
② 西藏自治区统计局，http://tjj.xizang.gov.cn/xxgk/tjxx/tjgb/202001/t20200122_130927.html。

24.3%；昌都市 0.7 万个，占 13.7%；林芝市 0.4 万个，占 7.8%；山南市 0.5 万个，占 9.1%；那曲市 0.6 万个，占 10.0%；阿里地区 0.2 万个，占 3.5%。在第二产业和第三产业法人单位中，位居前三位的地区依次是拉萨市 1.5 万个，占 32.3%；日喀则市 1.1 万个，占 23.5%；昌都市 0.7 万个，占 14.5%。城镇产业发展的不均衡，导致西藏自治区的城镇化发展也不均衡，特别是中小城镇经济发展能力不强，城镇化内生动力弱，城镇化发展更加缓慢。

（2）农牧民融入城镇难度较大。研究发现，由于受教育程度和生活习惯影响，西藏农牧民融入城镇还存在不少的社会文化障碍。葛强·琼达[47]等在研究西藏农牧民再教育问题时，发现西藏农牧民文化程度不高，缺乏实用技能，即使让其生活在城镇中，也无法适应环境，难以适应新型城镇化建设和发展的需要。朱欣悦[48]在研究农牧民转移就业时发现，现阶段藏族农牧民的农牧生产方式还未发生实质性的现代化转型，阻碍着城镇化建设的发展。史云峰[49]在研究西藏城镇化特征时，认为农牧区剩余劳动力转移速度慢，西藏城镇发育能力弱，城镇经济欠发达，拉动人口就业并向城镇聚集的能力非常有限。可见，城镇化人口的素质水平和就业能力，对其"市民化"的进程产生了较大影响，而教育在提升人口水平和能力方面发挥着最基础的作用。西藏自治区第七次全国人口普查数据表明①，尽管与 2010 年第六次全国人口普查相比，全区每 10 万人中拥有大学文化程度的由 5 507 人上升为 11 019 人，拥有高中文化程度的由 4 364 人上升为 7 051 人，拥有初中文化程度的由 12 850 人上升为 15 757 人，拥有小学文化程度的由 36 589 人下降为 32 108 人，但在全国仍然处于较低水平。如何持续提升人口素质和就业能力，加快农牧民向城镇市民的转化，已成为西藏自治区新型城镇化中的一个重要问题。

（3）城镇化的产业支撑力度不强。作为边疆民族地区，受自然地理条件等的影响，西藏自治区经济发展难以融入国内大市场，经济发展整体表现为投资

---

① 西藏自治区统计局，http://tjj.xizang.gov.cn/xxgk/tjxx/tjgb/202105/t20210520_202889.html。

驱动型，而且这些投资大多得益于中央和其他省级地方政府的支持与援助。尽管如此，2013 年以来，全区固定投资增速、社会消费品零售总额增速都呈现出较为显著的下降走势（图 3-3），一定程度上反映了自治区城镇产业的自我累积和发展能力仍然没有完全形成。从货物进出口总额和出口额来看，观察期内也呈现出低位徘徊的态势（图 3-4），进出口贸易国家主要集中于尼泊尔，且贸易规模非常有限。2019 年，全区货物进出口总额 48.76 亿元，其中出口 37.45 亿元，进口 11.30 亿元；在进出口贸易中，边境小额贸易 29.33 亿元，其中出口 29.01 亿元，进口 0.33 亿元，增长 20.0%。受新冠肺炎疫情影响，到 2021 年，全年货物贸易进出口总额 40.16 亿元，其中出口 22.52 亿元，进口 17.64 亿元，边境小额贸易进出口（均为出口）17.22 亿元。由此可见，西藏新型城镇化的产业支撑能力还非常有限，特色产业和优势产业的形成仍然需要一定的时间。按照新型城镇化的要求，产城融合是城镇化以人为本的重要体现，没有产业的足够支撑，农牧业转移人口就很难实现当地就业和发展，反过来又会进一步限制城镇市场范围和规模的发展与壮大。

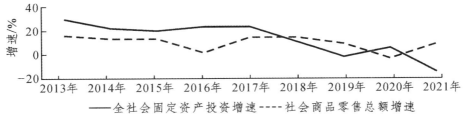

图 3-3 西藏自治区 2013—2021 年全社会固定资产投资与社会商品零售总额增速

（数据来源：根据 2019 年、2021 年西藏自治区国民经济和社会发展统计公报整理）

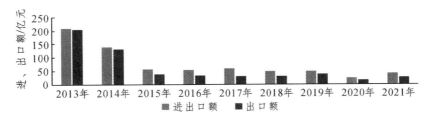

图 3-4 西藏自治区 2013—2021 年货物进出口总额

（数据来源：根据 2019 年、2021 年西藏自治区国民经济和社会发展统计公报整理）

3.2 西藏乡村振兴战略的实施与成就

党的十九大报告正式提出实施乡村振兴战略，这是决胜全面建成小康社会、全面建设社会主义现代化国家的重大历史任务。作为民族地区、边疆地区、贫困地区，西藏是我国发展不平衡不充分最突出的地区之一，其乡村振兴战略的实施有着特殊的使命和目标，需要与边疆安全治理、民族社会发展、城乡融合发展、精准扶贫和全面建成小康社会等密切相结合。2018 年，《西藏自治区乡村振兴战略规划（2018—2022 年）》发布，全面实施以"神圣国土守护者、幸福家园建设者"为主题的乡村振兴战略，大力推进高原特色农牧业发展，建设边境小康村，实现西藏农牧区社会和谐稳定和持续发展。

3.2.1 西藏乡村振兴战略举措

2015 年，习近平总书记在第六次西藏工作座谈会上强调：要牢牢把握改善民生、凝聚人心这个出发点和落脚点，大力推动西藏和四省涉藏地区经济社会发展。要大力推进基本公共服务，突出精准扶贫、精准脱贫，扎实解决导致贫困发生的关键问题，尽快改善特困人群生活状况。李克强总理指出，要全面深化改革，创新发展模式，做到"五个结合"，即把政府作用与市场作用、借助外力与激发内力、对内开放与对外开放、新型城镇化与新农村建设、开发建设与生态保护更好结合起来①。2020 年，习近平总书记在第七次西藏工作座谈会上强调，要在巩固脱贫成果方面下更大功夫、想更多办法、给予更多后续帮扶支持，同乡村振兴有效衔接，尤其是同日常生活息息相关的交通设施、就医就学、养老社保等要全覆盖②。在中央政府和各地方政府的支持和帮扶援助以及西藏各族人民的共同努力下，2016 年，西藏 5 个贫困县区率先脱贫摘帽；2017 年，25 个县区摘帽；2018 年，25 个县区脱贫；2019 年，最后 19 个县区摘帽，西藏实现全域脱贫摘帽。2020 年，西藏先后出台《关于巩固提升脱贫攻坚成果的指导意见》《西藏自治区关于建立防止返贫监测和帮扶机制的实施办法》《西

---

① 央广网，http://china.cnr.cn/news/20150826/t20150826_519660165.shtml。
② 人民网，http://cpc.people.com.cn/n1/2020/0830/c64094-31841784.html。

藏自治区关于进一步加大易地扶贫搬迁后续扶持工作力度的实施意见》等政策和措施，持续巩固脱贫攻坚成果。

（1）产业发展举措。在脱贫攻坚阶段，西藏坚持将产业扶贫作为一项基础性工作和长效发展机制，密切结合城乡融合发展要求，持续提升乡村产业的内生发展能力。为促进全区产业发展，一方面完善了相应的引导、支持和鼓励政策，制定了《2018 年度产业扶贫实施方案》《2018 年度深度贫困地区产业扶贫实施方案》《"十三五"产业精准扶贫规划中期调整的意见》等；另一方面大力培育新型经营主体，重点扶持发展规模化种植养殖、农畜产品加工、民族手工业、旅游业等特色优势产业。2019 年实现全域脱贫摘帽后，西藏坚决贯彻落实党中央、国务院关于实施大规模减税降费等一系列优惠政策，大力支持小微企业和个体工商户发展，重点支持中小企业转型升级，推出更加精准的产业政策。如，2020 年出台《关于近期西藏经济社会发展意见》，要求促进旅游等产业加快恢复发展、加快重点项目实施等；2021 年《西藏自治区招商引资优惠政策若干规定》在税收、金融、产业扶持、就业创业扶持等方面出台了相关政策，持续发挥区位政策优势；2021 年，《西藏自治区国民经济和社会发展第十四个五年规划和二〇三五年远景目标纲要》对外发布。其中，在乡村振兴部分明确提出要优先发展农牧业。农牧业发展方面，"提高农牧业市场竞争力，深化农牧业供给侧结构性改革，推进农牧业数字化转型，建设智慧农牧业，着力建强现代农牧业产业体系、生产体系和经营体系"，"加强粮食生产功能区和特色农产品优势区建设，加快推进现代农业产业园建设，重点扶持一批农牧业产业化龙头企业，鼓励发展'三品一标'认证"。这些都为新时代西藏自治区乡村产业发展提供了战略规划与指导，也充分体现了产业内生发展在自治区乡村振兴战略实施中的重要地位。

（2）生态环境保护。习近平总书记在第七次西藏工作座谈会上的重要讲话中指出，"要牢固树立绿水青山就是金山银山的理念，坚持对历史负责、对人民负责、对世界负责的态度，把生态文明建设摆在更加突出的位置，守护好高原的生灵草木、万水千山，把青藏高原打造成为全国乃至国际生态文明高地"①。自治区政府为构建国家生态安全屏障，推进美丽西藏建设，加强生态保护和建设，出台了一系列包括指导意见、条例、办法等在内的相关法律法规和政策文件，如《关于建设美丽西藏的意见》《关于着力构筑国家重要生态安全屏障加快推进生态文明建设的意见》《关于全面加强生态环境保护坚决打好污染防治攻坚战的实施意见》《西藏自治区国家生态文明高地建设条例》《西藏自治区环境保护考核办法》《生态环境保护监督管理办法》《西藏自治区"三线一单"生态环境分区管控方案》等，不断完善西藏生态文明建设的法律体系，切实加强高原生态保护。在乡村振兴领域，全区深入实施"两江四河"流域造林绿化工程和消除"无树村、无树户"行动，全区有条件的 1 079 个"无树村"、10.4万户"无树户"全部完成消除任务，森林覆盖率提高至 12.14%；投入 118.18亿元，对 5 261 个行政村开展了人居环境建设和环境综合整治；积极创建各级生态示范区，共命名自治区级生态县 22 个、生态乡镇 269 个、生态村 3 087 个②。以上措施有力地推进了全区乡村生态文明建设。

（3）基础设施建设。由于特殊的自然地理条件，西藏农牧区和边境地区基础设施建设相对落后，这对乡村产业发展和生态环境保护等造成了极大的障碍，也是区内不少地区贫穷落后的重要原因。为加快推进农业农村现代化，自治区政府根据乡村振兴和城乡融合发展的要求，编制出台了《实施乡村振兴战略促进城乡区域协调发展建设美好家园规划研究报告》《西藏自治区村庄建设规划技术导则（试行）》《西藏城乡融合高质量发展项目建议》等，加大了对全区乡村公共基础设施建设的指导。在乡村交通设施方面，自治区在推进国省干道"大动脉"等级化的同时，以边防公路、"四好农村路"、边境一线村公路为重点，大力推进农村公路建设，打通最后一公里，为脱贫攻坚、乡村振兴贡献"交通担当"。能源供给方面，推进以水电为主，以地热、风能、太阳能

① 人民网，http://cpc.people.com.cn/n1/2020/0830/c64094-31841784.html。
② 西藏日报，http://xz.people.com.cn/n2/2020/0902/c138901-34267296.html。

等为补充的新型能源体系建设，实现西藏电网对全区 74 个县（区）和主要乡镇的全覆盖。水利设施方面，以旁多水利枢纽为标志的一大批水利项目建成并投入使用，大型灌区体系基本形成，并大力解决农牧区饮水供水难和饮用水安全等问题。乡村各项基础设施的持续改善，为乡村产业的发展提供了重要保障，密切了农牧区与城镇间的联系，为特色农牧产品走向外部市场提供了便利、降低了成本。

（4）易地扶贫搬迁。西藏是全国唯一一个省级集中连片特殊贫困地区，经济发展落后，交通设施较差，存在贫困程度深、扶贫程度高、脱贫难度大等突出问题。为了加快扶贫，决胜全面建成小康社会，西藏自治区结合实际，坚持因地制宜和问题导向，将易地扶贫搬迁作为实施精准扶贫脱贫和乡村振兴战略的关键举措，组织编制了《西藏自治区"十三五"易地扶贫搬迁规划》，确定了"十三五"建档立卡贫困人口易地扶贫搬迁的规模和投资。为保证工作的顺利开展，支持和鼓励群众搬迁，自治区先后制定了《西藏自治区关于加快推进易地扶贫搬迁工作的指导意见》《西藏自治区易地扶贫搬迁工作考核办法》等文件政策，全面开展易地扶贫搬迁工作。同时，还加强迁入地基础设施和公共服务设施的建设，强化迁入地产业规划与发展，开展以搬迁群众为主体的再就业知识和技术技能培训，让搬迁群众能够在迁入地安居乐业。到 2019 年 12 月，全区已建成易地扶贫搬迁安置区 934 个，完成搬迁 25.2 万人，累计完成投资达187.4 亿元，有力地促进了全区精准扶贫工作目标实现①。

3.2.2 西藏乡村振兴战略的成就

（1）产业发展。实施乡村振兴以来，在传统农牧业方面，以青稞、牦牛、藏猪、藏羊、奶业、蔬菜、饲草七大产业为重点的"7+N"产业发展格局已经形成，以十个高原特色生物产业基地为主的国家重要高原特色农产品基地已经建立。表 3-1 列示了 2013—2021 年全区重要农牧产品的产量，可以看出，整体

---

① 西藏自治区人民政府官网，http://www.xizang.gov.cn/xwzx_406/shfz/201912/t20191206_125532.html。

呈现稳步上升趋势，为稳定保障全区食品物资和农牧产品深加工业的发展奠定了坚实基础。在文化产业方面，重点培育了"文创西藏"区域公共品牌、"西藏非遗进校园示范基地"等，截至 2020 年年底，西藏拥有各级文化产业示范园区 234 家，各类文化市场主体 7 500 余家，年均增速保持 15%以上。在乡村旅游产业方面，围绕全区"特色、高端、精品"发展路径和"重要的世界旅游目的地"建设目标，形成了一大批具有民族文化特色的乡村旅游目的地。其中，藏东乡愁之桃村寻踪游、藏南乡恋之红谷游多条乡村旅游精品线路在国内享有盛名，拉萨市达东村、德吉藏家、山南市玉麦村、麻麻村等 38 地入选全国乡村旅游重点村镇名录，拉萨市墨竹工卡县工卡镇塔巴村、林芝市朗县金东乡来义村、那曲市色尼区罗玛镇凯玛村入选 2021 年中国美丽休闲乡村。

表 3-1　2013—2021 年西藏自治区主要农牧产品产量

单位：万吨

年份	2013	2014	2015	2016	2017	2018	2019	2020	2021
粮食	96.15	97.97	100.63	103.99	104.55	104.40	104.69	102.87	106.15
猪牛羊肉	29.21	28.62	29.28	29.09	30.03	27.80	27.75	27.79	26.95
蔬菜	66.99	68.21	69.63	70.69	72.93	72.57	77.49	84.34	89.47

数据来源：根据 2019 年、2021 年西藏自治区国民经济和社会发展统计公报整理。

（2）生态环境不断改善，生态文明建设成果丰硕。乡村振兴战略实施以来，西藏自治区不断健全生态文明政策体系，为生态文明建设创造良好环境，乡村生态环境得到极大改善。随着野生动植物保护与自然保护区建设和"两江四河"流域造林绿化等工作的开展，高原荒漠生态系统得到有效恢复。以自然保护区为主体，国家森林公园、国家湿地公园等为补充的自然保护地体系初步建立，实现了森林面积和蓄积量"双增"目标。全区自然湿地面积 652.40 万公顷，人工湿地面积 0.50 万公顷，湿地总面积居全国第二，共建立湿地自然保护区 15 处、国家湿地公园 22 处（含试点），12 处湿地列入国家重要湿地名录[1]。

---

[1] 中国西藏网，http://www.tibet.cn/cn/index/ecology/202106/t20210603_7014857.html。

到 2020 年年底，5 个市（地）和 3 个县成功创建国家级生态文明建设示范市、县，1 079 个"无树村"和 10.5 万"无树户"全面消除，草原综合植被盖度达 47%，陆生野生动物种类达 1 072 种，黑颈鹤增至 8 000 多只，藏羚羊突破 20 万只①。在农村环境综合整治方面，西藏也取得了显著的成绩。在农村"厕所革命"方面，2019—2021 年，全区新增改造农村户用卫生厕所 15.5 万座，累计改造农村户用卫生厕所 30.2 万座，户用卫生厕所普及率达 54.24%，较 2018 年提高 28.84 个百分点。在农村垃圾分类和环境污染治理方面，全区 1 620 个村庄开展垃圾分类，建立 117 个垃圾兑换超市，5 281 个村庄建设垃圾集中收集点，292 个村庄纳入污水管网，479 个村庄建有集中式、分散式等农村生活污水治理设施，351 个村庄开展黑臭水体排查治理并建立台账，1 309 个村庄统筹推进农村治污与改厕工作，454 个村庄采用适合本区域特点的农村生活污水治理技术，1 759 个村庄农村生活污水乱排乱放问题得到管控②。

（3）基础设施全方位覆盖、人居环境得到改善。在实施乡村振兴战略过程中，西藏大力推动特色小城镇、农村基础设施建设，较好发挥了辐射带动作用。选取中心城市作为核心圈，对附近城市进行辐射带动，在核心圈内加快基础设施建设，带动周围城市发展。西藏自治区自 2016 年以来，投入资金建设 26 个特色小镇示范点，打造了一批生态环境良好、基础设施完善、产业基础扎实的特色小镇，已经发挥出人口集聚、产业集聚的示范作用。目前西藏基础设施建设不断完善，人民居住环境得到很大改善。《2022 年西藏自治区政府工作报告》指出，2021 年年底，全区乡村公路通达率分别达 100% 和 99.96%，公路通车总里程 12 万公里。在水利基础设施方面，2020 年年底，68 个重点灌区与节水增效工程深入实施，农村饮水安全问题基本解决，农田有效灌溉面积新增 73 万亩。在能源基础设施建设方面，2020 年年底，全区完成"三区三州"农网改造升级，解决 67.2 万人用电问题③。在通信基础设施方面，2021 年年底，农村地

① 中国西藏网，http://www.tibet.cn/cn/news/zx/202101/t20210121_6941614.html。

② 新华网西藏频道，http://tibet.news.cn/2021-12/14/c_1310371179.htm。

③ 西藏自治区人民政府官网，http://www.xizang.gov.cn/zwgk/xxfb/zfgzbg/202103/t20210324_197174.html。

区宽带接入用户 37.2 万户，比上年末增加 12.4 万户，全区行政村光纤宽带覆盖率达 99%[①]。

（4）农牧民收入不断提高。2013 年，中央农村工作会议强调，"小康不小康，关键看老乡"。党的十九大报告指出，我国社会基本矛盾已转变为人民日益增长的美好生活需要和不平衡不充分的发展之间的矛盾。国内最大的发展不平衡不充分是农村农民的发展，城乡居民之间的收入差距仍然很大且有进一步扩大的趋势。作为国内唯一的省级贫困地区，西藏自治区在"十三五"期间全面开展精准扶贫，打造"五位一体"大扶贫格局，通过产业扶贫、智力扶贫、生态扶贫、教育扶贫等，增强贫困群众脱贫内生动力和自我发展能力，为贫困群众提供更多的就业机会和就业岗位，持续增加农牧民收入。表 3-2 列出了2015—2021 年西藏城乡居民的人均可支配收入的基本情况，从中可以看出，观察期内，尽管城乡人均可支配收入仍然存在着较显著的差距，且其差距高于全国水平，但这一差距正在不断缩小，而且农村人均可支配收入的增长速度均高于同期城镇居民的人均可支配收入增长速度，乡村居民收入呈现出显著的持续增长态势。尤其在 2020 年，西藏努力克服疫情的不利影响，保持了全区农村居民人均可支配收入稳定增长态势，2020 年达到 14 598 元，同比增长 12.7%，连续 18 年保持两位数增长，连续 6 年保持全国增速第一；比 2010 年的 4 123元增长 2.54 倍，达到全国农村居民人均可支配收入 1 7131 元的 85.2%，顺利完成中央第六次西藏工作座谈会提出的"到 2020 年，西藏农村居民人均可支配收入比 2010 年翻一番、接近全国平均水平"的目标[②]。

表 3-2　2015—2021 年西藏自治区城乡居民人均可支配收入情况

年份	2015	2016	2017	2018	2019	2020	2021
城镇人均 可支配收入/元	25 457	27 802	30 671	33 797	37 410	41 156	46 503

---

① 西藏自治区统计局，http://tjj.xizang.gov.cn/xxgk/tjxx/tjgb/202204/t20220426_295819.html。

② 中国西藏网，http://ttt.tibet.cn/cn/fp/202106/t20210608_7016714.html。

续表

年份	2015	2016	2017	2018	2019	2020	2021
城镇人均 可支配收入增速/%	15.6	9.2	10.3	10.2	10.7	10.0	13.0
农村人均 可支配收入/元	8 244	9 094	10 330	11 450	12 951	14 598	16 935
农村人均 可支配收入增速/%	12.0	10.3	13.6	10.8	13.1	12.7	16.0
城镇农村 人均可支配收入比/%	3.09	3.06	2.97	2.95	2.89	2.82	2.75
全国城镇农村人均 可支配收入比/%	2.73	2.72	2.71	2.69	2.64	2.56	2.50

数据来源：根据 2015—2021 年西藏自治区、全国国民经济和社会发展统计公报整理计算。

（5）易地扶贫搬迁。自实施易地扶贫搬迁以来，西藏通过编制易地搬迁规划和实施计划，整合各项资源，完善配套基础设施和公共服务设施，尊重民众意愿，力求做到合理安置。在"十三五"时期，采取大集中与小分散相结合的方式，全区累计建成 965 个易地扶贫搬迁安置区（点），26.6 万人已全部搬迁入住。截至 2020 年年底，在海拔较低、适宜生产生活的地区建成 965 个易地扶贫搬迁点，6 万余套安置房全部建成，26.6 万群众自愿搬迁入住；建成配套村道 1 891 公里、给排水管网 1 882 公里、电网 2 828 公里，幼儿园 342 所、卫生院（室）303 所，村级活动场所 510 处[①]。除此之外，自治区各级政府在易地扶贫搬迁后续的产业扶持、社区管理、拆旧复垦和边境小康村等方面也开展了大量工作。以亚东镇亚东乡边境小康村建设为例，2020 年 9 月，27 户居民从 130 多公里外海拔 4 630 米的村子搬迁到海拔不到 2 100 米的边境小康示范村。易地搬迁之前，村民生产主要以放牧为主；搬迁之后，村民通过参加技能技术培训，迅速加入林下资源、鲑鱼养殖、大棚蔬菜种植等特色优势产业，生活水平得到了显著改善。截至 2020 年年底，西藏已高标准建成边境小康村 600 多

---

① 中国西藏网，http://ttt.tibet.cn/cn/fp/202106/t20210608_7016714.html。

个，边境一、二线行政村公路通达通畅，新建改建边境公路 130 条、3 080 公里，主电网延伸到全部边境乡（镇），实现村村通邮，移动通信网络全覆盖，农村人口饮水安全得到保障①。

3.3 乡村振兴背景下西藏新型城镇化发展特点与趋势

如前文分析，民族地区乡村振兴战略与新型城镇化之间存在协同发展演化关系。乡村振兴战略的实施需实现乡村产业兴旺、生态宜居、乡风文明、治理有效和生活富裕的要求和目标，民族地区的乡村振兴是全面振兴，包括乡村的产业振兴、人才振兴、文化振兴、生态振兴和组织振兴，乡村振兴战略的实施离不开城乡融合发展。乡村振兴战略的深入实施极大地改变了西藏新型城镇化的环境和条件，使之呈现出新的发展特点和趋势。

3.3.1 乡村振兴背景下西藏新型城镇化发展特点

（1）高水平规划的新型城镇化。2012 年，新型城镇化在国内首先作为一个政策概念出现，它被认为是以城乡统筹、城乡一体、产业互动、节约集约、生态宜居、和谐发展为基本特征的城镇化，是大中小城市、小城镇、新型农村社区协调发展、互促共进的城镇化，是以人为本的城镇化。2014 年 3 月，《国家新型城镇化规划（2014—2020 年）》正式发布；同年 12 月，国家新型城镇化综合试点名单正式公布。西藏迅速响应中央政策，积极开展了高水平的新型城镇化规划工作。从战略层面上，西藏于 2014 年发布了《西藏自治区新型城镇化规划（2014—2020 年）》。这一规划明确提出全区新型城镇化"一圈两翼三点两线"的空间格局。其中，"一圈"是以拉萨市为中心、乃东县（2016 年改设为乃东区）泽当镇为重要支撑，以拉萨至墨竹工卡、拉萨至泽当为两轴线的拉萨–泽当城镇圈。"两翼"包括西翼和东翼，西翼以日喀则市桑珠孜区为区域中心、拉孜县曲下镇和江孜县江孜镇为重要节点，以拉日铁路、国道 318 和国道 562 为轴线的雅鲁藏布江中上游城镇；东翼以林芝市巴宜区八一镇为区

---

① 环球网，https://china.huanqiu.com/article/45Eqo4kyrdV。

域中心、波密县扎木镇为重要节点，以国道 318 为轴线的尼洋河中下游城镇。"三点"包括藏东、藏北和藏西，藏东主要是昌都市卡若区，藏北主要是那曲县那曲镇，藏西主要是噶尔县狮泉河镇。"两线"则主要包括了边境沿线重点乡镇和交通沿线重要小城镇。从特色小镇的规划角度来看，作为全国特色小镇资源比较丰富的省域，西藏自治区政府在 2015 年就出台了特色小镇的建设工作指导意见——《西藏自治区特色小城镇示范点建设工作实施方案》，其中指出，特色小城镇示范点建设工作要坚持以规划为龙头，结合交通区位、自然资源、产业构成、历史文化、民族风情等实际，坚持将城镇传统风貌保护与城镇现代化建设相结合，实行分类指导和建设，着力提升示范小城镇特色和品位，集中力量打造一批宜居、宜业、宜游的新型特色小城镇。截至 2021 年年底，西藏自治区共有 26 个特色小镇，其中包括全国第一、二批特色小镇 7 个。在这些特色小镇的建设中，高水平规划的引领作用得到体现。如，著名的特色小镇当雄县羊八井镇，地处省道 S304、青藏公路的交通要道，青藏铁路从镇区穿过、青藏公路南北向贯穿镇域、省道 S304 东西向横穿镇域，是沟通拉萨、日喀则、当雄及那曲的重要交通节点，拥有丰富的地热资源。结合小镇的区位优势和特色资源，地方政府先后编制了《当雄县羊八井镇总体规划（2015—2030）》《羊八井镇区控制性详细规划（2016）》《羊八井特色示范小城镇城市设计》《羊八井特色小城镇风貌改造设计》《羊八井特色示范小城镇建设规划》等总体规划和专项规划，从形象定位、主导产业、城镇风貌、民族文化、生态环境等方面，为小镇的可持续发展提供了整体框架。

（2）快速发展的新型城镇化。"十三五"期间，西藏新型城镇化发展提速，特别是在党的十九大提出乡村振兴战略后。2015 年，西藏常住人口城镇化率为27.74%，到 2020 年年底，西藏常住人口城镇化率达 35.73%，五年内提高近 8个百分点，高于同期全国常住人口城镇化增长率增幅（全国常住人口城镇化率由 56.10% 上升为 63.89%）。2021 年，西藏常住人口城镇化率比 2020 年再增加近 1 个百分点，达 36.61%。从全区城市发展数量和面积来看，至 2020 年年底，全区地级市增加到 6 个，城镇数量达到 146 个，建成区面积达到 326 平方公里，常住人口为 130.34 万人。

（3）绿色低碳的新型城镇化。从城镇公共基础设施来看，全区共建有 94 座供水厂，城市公共供水普及率达到 98.68%。城市市政道路总里程达到 3 000 余公里，建成 36.54 公里地下综合管廊，208 个绿地公园；4 个市（地）所在地、13 个县城、68 个乡镇建成了供暖工程，供暖面积达 3 192 万平方米。从全区城镇的生态文明建设来看，至 2020 年年底，西藏设市城市污水处理率达 96.28%，县级以上城镇污水处理率达 78.06%；设市城市生活垃圾无害化处理率达 99.63%，县级以上城镇生活垃圾无害化处理率达 97.34%[①]。

（4）以人为本的新型城镇化。新型城镇化坚持以人为本，要求城镇居民能够享受良好的公共服务，能够为人的全面发展创造条件。统计数据表明[②]，2021 年，自治区城镇登记失业率控制在 4% 以内，城镇新增就业 5.21 万人；全区参加企业职工基本养老保险（含退休人员）30.51 万人，参加城乡居民基本养老保险（含待遇领取人员）174.63 万人；参加工伤保险 43.87 万人，参加失业保险 29.6 万人，参加生育保险 41.62 万人；参加城镇职工基本医疗保险 55.06 万人，参加城乡居民基本医疗保险 290.96 万人；23 669 名城镇居民被纳入城镇最低生活保障，共兑现低保救助金 2 264.80 万元。2021 年，城镇居民人均可支配收入 46 503 元，城镇居民人均消费支出 28 159 元，城镇居民人均住房建筑面积 45.62 平方米。表 3-3 列出了 2015—2021 年全区卫生机构床位数和技术人员数，从中可以看出，各项指标在观察期内都呈现出显著的上升趋势，城镇居民的卫生医疗条件和设施都有了很大的改善。表 3-4 列出了 2015—2021 年全区高等教育、中学教育的招生规模，从中可以看出，观察期内，研究生招生规模扩张幅度最大，2021 年的招生规模是 2015 年的 3 倍多，大学专科以及高中学生招生规模也实现了较大规模的增长，城镇居民高等教育、初等教育的基础和条件均得到极大改善，为城镇化培养和输送了更多高质量的人才。

---

① 西藏自治区人民政府官网，http://www.xizang.gov.cn/xwzx_406/shfz/202108/t20210813_254750.html。

② 西藏统计局官网，http://tjj.xizang.gov.cn/xxgk/tjxx/tjgb/202204/t20220426_295819.html。

表 3-3　2015—2021 年西藏自治区卫生机构床位数和技术人员数

单位：张、人

年份	2015	2016	2017	2018	2019	2020	2021
床位数	14 013	14 882	16 138	16 787	17 073	18 942	19 650
卫生技术人员数	14 335	15 259	16 503	19 035	20 662	22 629	25 392
每千人医疗卫生机构床位数	4.33	4.50	4.79	4.88	4.87	5.19	5.37
每千人卫生技术人员数	4.42	4.63	4.89	5.54	5.89	6.20	6.94

数据来源：根据 2015—2021 年西藏自治区国民经济和社会发展统计公报整理。

表 3-4　2015—2021 年西藏自治区高等教育和初等教育招生人数

单位：人

年份	2015	2016	2017	2018	2019	2020	2021
研究生	503	584	706	846	940	1 432	1 846
本专科生	10 377	10 269	9 809	9 591	10 780	12 087	11 077
高中生	19 598	19 514	20 587	22 682	23 238	26 674	26 656
初中生	41 122	41 220	41 960	46 306	48 681	47 983	49 160

数据来源：根据 2015—2021 年西藏自治区国民经济和社会发展统计公报整理。

3.3.2 乡村振兴背景下西藏新型城镇化发展趋势

（1）"大中小"城市（城镇）体系正在加快形成。2014 年出台的《国家新型城镇化规划（2014—2020 年）》提出了促进各类城市协调发展的任务，要增强中心城市的中心辐射带动功能，要加快发展中小城市，有重点地发展小城镇。《中华人民共和国国民经济和社会发展第十四个五年规划和 2035 年远景目标纲要》第八篇"完善新型城镇化战略 提升城镇化发展质量"部分中明确指出，"发展壮大城市群和都市圈，分类引导大中小城市发展方向和建设重点，形成疏密有致、分工协作、功能完善的城镇化空间格局"。在乡村振兴背景下，特别是 2020 年之后西藏的"大中小"城市（城镇）体系正在加快形成。"十三五"期间，西藏提出了"一圈两翼三点两线"的新型城镇化空间格局。到 2020 年年底，西藏基本上形成了以拉萨为中心，以日喀则为次中心，以昌都市、林芝市、山南市、那曲市等为重要节点，以 26 个特色小城镇为重要网点的城镇空间格局。以交通基础设施为例，"大中小"城市立体交通网络已初步建成，到 2018 年年底，公路方面，通车里程达到 9.78 万公里，其中高等级公路 660 公里，全区所有县通公路。航空方面，全区已建成通航机场 5 个，开通国内国际航线 96 条，通航城市 48 个，初步形成了以拉萨贡嘎机场为干线，以昌都邦达机场、林芝米林机场、阿里昆莎机场、日喀则和平机场为支线的航空网络。铁路方面，2006 年青藏铁路通车，2014 年拉萨到日喀则铁路建成，2021 年拉萨到林芝铁路通车。在 2021 年通过的《西藏自治区国民经济和社会发展第十四个五年规划和二〇三五年远景目标纲要》在各类地市协调发展方面，明确提出做大做强拉萨核心增长极，实现人口和要素的规模聚集，优化拉萨城市布局，建设重要的国际文化旅游城市、面向南亚开放的区域中心城市，打造三小时经济圈，以拉萨为中心，辐射日喀则、山南、林芝、那曲，加快拉萨-山南一体化进程，这无疑为新发展阶段西藏自治区"大中小"城市体系的构建和持续发展描绘了宏伟前景，也明确了全区在新发展阶段新型城镇化的奋斗目标。

（2）县域逐渐成为新型城镇化的核心空间载体。《中华人民共和国国民经济和社会发展第十四个五年规划和 2035 年远景目标纲要》在第二十八章"完善城镇化空间布局"部分明确指出，要"推进以县城为重要载体的城镇化建设，加快县城补短板强弱项，推进公共服务、环境卫生、市政公用、产业配套等设施提级扩能，增强综合承载能力和治理能力"，"按照区位条件、资源禀赋和发展基础，因地制宜发展小城镇，促进特色小镇规范健康发展"。对于西藏而言，县域和特色小镇是西藏经济发展的重要基础，一方面，它与区内大中城市保持着密切的经济联系；另一方面，它又连接着广大的农牧区，是农牧民迁入城镇并实现向"市民"身份转换的重要平台。如表 3-5 列出了西藏主要城市的产值和城镇化情况，可以看出西藏主要城市的第二、三产业的产值和城镇化人口占比（城镇化率）都呈逐渐增长趋势，侧面反映出随着城镇化的不断增强、农牧民身份的转换，就业人口可能在慢慢向第二、三产业转移，带来第二、三产业产值的增加；反过来，第二、三产业的发展促进县域经济和特色小镇的不断发展，也能够带动城镇化水平的不断提升。同时，区域发展不平衡也表现得比较充分，拉萨市处于经济和社会发展的第一方阵，日喀则市、昌都市、林芝市、山南市经济发展处于第二方阵，然而，昌都市人口城镇化率较低。整体上看，进入新发展阶段后，西藏的县域经济和特色小城镇发展加速，成为新型城镇化的重要空间载体。

表 3-5　2016—2020 年西藏自治区主要城市的产值和城镇化情况

城市	指标	2016	2017	2018	2019	2020
拉萨市	第二产业/亿元	156.98	181.06	217.24	236.14	290.44
	第三产业/亿元	274.21	305.02	331.59	361.64	365.27
	城镇人口占比/%	42.3	42.4	43.6	44	45
日喀则市	第二产业/亿元	66.72	79.86	99.71	145.43	91.95
	第三产业/亿元	90.15	66.54	71.59	84.87	128.84
	城镇人口占比/%	26.5	26.5	26.5	27.3	27.6
昌都市	第二产业/亿元	59.21	73.27	85.08	91.57	114.05
	第三产业/亿元	65.46	69.98	87.42	100.39	107.75
	城镇人口占比/%	13.07	13.26	12.9	13.4	17.48
山南市	第二产业/亿元	62.03	78.32	93.26	92.38	—
	第三产业/亿元	58.36	60.4	63.68	87.87	—
	城镇人口占比/%	17.5	19.4	20.9	22.1	—

续表

城市	指标	2016	2017	2018	2019	2020
林芝市	第二产业/亿元	40.75	50.02	61.03	60.84	74.05
	第三产业/亿元	65.77	72.63	77.76	99.91	105
	城镇人口占比/%	39.7	41.2	41.5	41.9	40.8
那曲市	第二产业/亿元	25.47	30.14	35.3	39.97	54.35
	第三产业/亿元	58.11	66.05	72.25	87.51	98.26
	城镇人口占比/%	11.36	11.03	12.39	12.6	13.6

数据来源：根据拉萨、日喀则、昌都、山南、林芝、那曲 2016—2020 年统计公报整理所得。

（3）核心地带城乡融合发展进一步加速。在西藏自治区"一圈两翼三点两线"的新型城镇化空间格局中，一些核心地带的城乡融合发展不断加速。新型城镇化离不开城乡融合发展，城乡融合发展既包括加强城乡间公共服务的一体化、基础设施的互联互通，还包括产业关联的不断深化。在乡村振兴战略背景下，西藏自治区新型城镇化有力地推动了城乡融合发展。以拉萨市及其周边为例[1]，为推进城乡融合，在基础设施建设方面，拉萨市全面启动全市乡村规划编制工作，加大特色乡（镇）建设力度，建设帕古水库、堆曲灌区工程等水利项目 30 个，推进"四好公路"建设，积极发展休闲农业和乡村旅游，打造"沟域经济""特色旅游""冬季旅游"等特色项目，提升"拉北环线"整体旅游吸引力。在公共服务方面，拉萨市以推进户籍制度改革为契机，出台促进城乡一体化发展的医疗、低保、救助等政策体系，开展农牧区学前 3 年双语教育，实施"中等职业教育质量提升计划"，深化医疗卫生体制改革，实施健康社区、健康家庭、健康学校等创建活动。在生态文明建设方面，拉萨市系统推进农牧区水环境治理，推进拉萨周边和"两江四河"流域造林绿化工程，开展人员相对集中乡（镇）污水处理设施建设工作，启动 21 个乡（镇）生活垃圾无害化处理设施项目，新建、改造旅游景区、城镇、农牧区厕所 500 座以上；实施生

---

[1] 中国西藏新闻网，http://www.xzxw.com/xw/xzyw/201804/t20180427_2195833.html。

态安全屏障防沙治沙工程，全面消除海拔 4 300 米以下的"无树村""无树户"；深入开展化肥、农药、地膜减量行动，不断深化有机农业示范县创建工作，全面完成行政村、乡（镇）和县（区）的自治区级生态创建工作。

除此之外，西藏还通过对边境小康村的建设，创新并进一步巩固了具有边疆特色的城乡融合发展成果。2017 年，西藏印发了《西藏自治区边境地区小康村建设规划（2017—2020 年）》，对全区 628 个边境一、二线行政村实施小康村建设，主要围绕"水、电、路、教、科、文、卫"等十个方面改善边民的生产生活条件，涉及边民 6.2 万户，24.2 万人。2018 年 2 月，西藏自治区开始实施以"神圣国土守护者、幸福家园建设者"为主题的乡村振兴工程，将边民脱贫致富和守边固边相结合，补齐基础设施和公共服务的短板，加快边境地区发展。至 2020 年年底，全区完成 600 余个高标准边境小康村建设，为新型城镇化的可持续发展奠定了坚实的基础，有力地促进了自治区城乡融合发展进程。

（4）新型城镇化的政策支持依然不可或缺。尽管"十三五"以来，特别是乡村振兴战略实施以来，西藏新型城镇化取得了突出的成效，但西藏自治区城镇化基础较差、城镇化内生动力不强、城镇自我累积和发展的能力不强等障碍依然存在。加之西藏自治区特殊的区位环境和相对脆弱的自然生态系统，一般意义上的城镇化模式必须和新时代西藏高质量发展密切结合起来。考虑到以上多个因素，可以说，在相当一段时间内，西藏自治区的新型城镇化仍然离不开中央政府的政策支持和其他省市的援助支持。这些政策至少包括产业政策的支持、培训教育政策的支持、公共财政的转移支付等。最重要的是，要把这些政策的支持与巩固脱贫攻坚成果和乡村振兴有机结合起来，不断增强乡村产业发展能力，提升农牧民综合素质和技术技能，进而持续提高农牧业生产率。在此基础上，再通过乡村一二三产业的融合创新、融合发展，为新型城镇化提供更多的农牧业转移人口，也为城镇发展农牧业深加工产业奠定坚实的条件和基础。

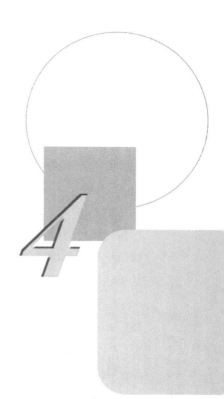

西藏乡村振兴与新型城镇化
发展水平评价与耦合度分析

如前文所述，民族地区乡村振兴和新型城镇化之间的关系可以置于区域经济–社会大系统的框架之下，乡村振兴与新型城镇化可以视为这个大系统内的两个子系统。作为两个相对独立的子系统，乡村振兴子系统和新型城镇化子系统有着各自的演化进程和演化序参量；作为同一个区域经济–社会大系统下的两个子系统，二者之间又相互依存和影响，一个子系统的演化进程又受另一个子系统演化的影响，两个系统间存在着多个耦合点。党的十八大以来，西藏乡村振兴和新型城镇化都取得了显著的成就。那么，西藏乡村振兴子系统和新型城镇化子系统间耦合度如何？从系统耦合的角度来看，西藏新型城镇化进程中是否还存在显著的障碍？为此，本章拟在评价西藏乡村振兴与新型城镇化发展水平的基础上，构建西藏乡村振兴子系统与新型城镇化子系统的耦合度测度模型，并将之运用于西藏部分区域的实践分析。

4.1 乡村振兴与新型城镇化发展水平评价体系

无论是测度乡村振兴发展水平，还是测度新型城镇化水平，都需要坚持系统的观点，需要从不同观测维度构建评价指标体系对相应对象进行测度。其中，如何确定不同指标的权重则成为进一步研究的关键。为此，我们首先对权重的确定方法进行界定。

4.1.1 权重确定方法及数据来源

首先要判别出正向指标和负向指标，并对所有指标进行无量纲化处理。假设第 i 级第 j 个指标对应的最大值为 $\max$，最小值为 $\min$，那么正向指标和负向指标的归一化处理公式分别为：

$$u_{ij} = \frac{x_{ij} - \min}{\max - \min}, i = 1, 2, \cdots, n; j = 1, 2, \cdots, m \quad (1)$$

$$u_{ij} = \frac{x_{ij} - \max}{\min - \max}, i = 1, 2, \cdots, n; j = 1, 2, \cdots, m \quad (2)$$

第二步，确定权重。确定权重的方式有很多，一般有 AHP 法、聚类分析法、模糊综合评价法等，参考易小燕等（2020）的研究[50]，以下采用熵权法进行赋权，U_{ij} 是原始数据标准化后得到的矩阵，e_j 是第 j 项指标的熵值，P_{ij} 是第 i 级第 j 项指标的比重，w_j 是第 j 项指标的权重，具体公式如下：

$$P_{ij} = \frac{U_{ij}}{\sum\limits_{i=1}^{n} U_{ij}}, i = 1, 2, \cdots n \tag{3}$$

$$e_j = -k \cdot \sum_{j=1}^{n} P_{ij} \ln P_{ij}, \text{其中}, k = \frac{1}{\ln n} \tag{4}$$

$$w_j = \frac{1 - e_j}{\sum\limits_{j=1}^{m} (1 - e_j)} \tag{5}$$

使用熵权法进行赋权需要观测对象的数据，下文的数据来源于西藏研究区域对象——拉萨市、昌都市、阿里地区 2016—2020 年的统计年鉴。一方面，这三个区域所需统计数据齐全，其他地区数据缺损较多；另一方面，这三个区域也可以分别代表西藏自治区内部不同区域的发展水平，整体上可以反映西藏自治区乡村振兴和新型城镇化协同发展全貌。

4.1.2 乡村振兴发展水平评价体系

大多数的研究发现，乡村振兴指标构建基本遵循产业兴旺、生态宜居、乡风文明、治理有效、生活富裕五个方面。杨阿维等[51]专门构建针对西藏乡村振兴的评价体系也是从这五个方面出发，并且还指出评价体系是建立在农牧业、农牧民、农牧区现代化基础上的。为保持与先前分析一致，以下从投入、产出和环境三个维度来刻画乡村振兴发展水平。

考虑到数据的可得性，以下使用普通中学和专科学校以及大学的数量、农林牧渔业固定资产投资额、耕地面积、农作物总播种面积、每公顷耕地农业机械动力、有效灌溉面积占耕地面积比重等指标，来评价乡村振兴的投入子系统水平；使用单位播种面积粮食产量、人均农牧民拥有牲畜存栏量、农林牧渔业服务业产值/乡村人口、接待旅游者人数、农村居民人均可支配收入、农村居民人均可支配收入增长率等指标，来评价乡村振兴的产出子系统水平；使用每公顷耕地平均化肥施用量、每公顷播种面积用农药、农林水事务预算支出、农村居民家庭平均每人转移收入/农村居民家庭平均每人可支配收入、死亡率、农村居民恩格尔系数等指标，来评价乡村振兴的环境子系统水平。值得注意的是，考虑到乡村自然环境的特殊性，在评价中使用了农药、化肥使用量等间接观测指标；在社会文化环境方面，农村文化发展指标方面缺乏统计数据，主要使用了死亡率和恩格尔系数两个衡量医疗卫生和生活质量的指标，因而整体可能存在一定的测度误差。显然，不同指标对于乡村振兴发展水平的影响属性存在差异，一些是正向影响，一些则是负面影响；再根据观测对象数据，使用上文所述熵权法，得出各级指标的权重（如表 4-1 所示）。

表 4-1　西藏乡村振兴发展水平评价指标体系与指标权重

一级指标	二级指标	三级指标	性质	权重
乡村振兴投入	人力资本和资金投入（0.125 0）	普通中学、专科学校以及大学的数量（所）	正	0.055 1
		农林牧渔业固定资产投资额（万元）	正	0.070 0
	土地投入（0.221 1）	耕地面积（公顷）	正	0.060 2
		农作物总播种面积（公顷）	正	0.057 9
		每公顷耕地农业机械动力（千瓦/公顷）	正	0.055 4
		有效灌溉面积占耕地面积比重（%）	正	0.047 6

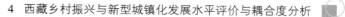

续表

一级指标	二级指标	三级指标	性质	权重
乡村振兴产出	乡村产业和民族文化 （0.340 4）	单位播种面积粮食产量 （吨/公顷）	正	0.053 4
		人均农牧民拥有牲畜存栏 量（头/公顷）	正	0.138 8
		农林牧渔业服务业产值/乡 村人口（元/人）	正	0.032 3
		接待旅游者人数（人）	正	0.115 8
	收入水平及收入增长 （0.081 6）	农村居民人均 可支配收入（元）	正	0.039 2
		农村居民人均可支配收入 增长率（%）	正	0.042 4
乡村振兴环境	自然环境 （0.036 4）	每公顷耕地平均化肥施用 量（公斤/公顷）	负	0.016 6
		每公顷播种面积用农药 （公斤）	负	0.019 7
	政策环境 （0.110 9）	农林水事务预算支出 （万元）	正	0.048 6
		农村居民家庭平均每人转 移收入/农村居民家庭平均 每人可支配收入（%）	正	0.062 2
	社会文化环境 （0.084 6）	死亡率（‰）	负	0.017 5
		农村居民恩格尔系数（%）	负	0.067 1

表 4-1 中结果显示,权重比较大的子系统是投入和产出两个主要的子系统,表明其重要性和波动性相对较大。在投入子系统中,各指标权重大小浮动不大,大多数在 0.055 到 0.070 之间,其中占比最大的是农林牧渔业固定资产投资额,说明该指标对促进乡村振兴的影响最大。这是因为,就目前而言,西藏的乡村振兴发展处于初期,需要大量的固定资产前期投入以搭建乡村振兴基础,如基础设施投入、现代化大型农具投入、必要房产投入等。乡村振兴需要在一定的基础之上,在其他方面加强发展强度,实现有序渐进的稳健发展。在产出子系统中,与其他指标相比较,有明显差距的指标是人均农牧民拥有牲畜存栏量和接待旅游者人数,分别占了 0.138 8 和 0.115 8,是其他指标的 2—4 倍,表明在产出子系统中,贡献最大的是人均农牧民拥有牲畜存栏量和接待旅游者人数。由于历史习俗和自然环境的因素,很多西藏农牧民的家庭创收还是以放牧为主。同时,由于西藏地理位置和历史的特殊性,独特的西藏文化吸引着国内外的人们到西藏旅游,为当地的产值做出了重要贡献。在环境子系统中,占比最大的是农村居民家庭平均每人转移收入与农村居民家庭平均每人可支配收入比值和恩格尔系数,且与其他指标存在着很明显的差距。农村居民家庭平均每人转移收入与农村居民家庭平均每人可支配收入比值,用来描述地方政府对家庭收入的支持力度,其值越大则支持力度越大,这表明当地农牧民收入对政府的转移收入有一定的依赖性,政府应该同时加大其他方面的投入,为农牧民创收提供有利有效的条件,让农牧民自主地提高收入,减少对政府的依赖。恩格尔系数用来描述社会文化环境,其值越低,社会文化环境就越和谐;同理,社会死亡率越低,社会公共卫生事业越发达,社会则越和谐。死亡率指标的权重低,其原因在于,随着全区经济社会的发展,人们的基本生活已经不是问题。而随着农牧民的生活水平的提高,恩格尔系数有着明显的降低,所以权重占比比较高,说明西藏农牧民的生活水平有着明显的向好变化。

4.1.3 新型城镇化发展水平指标体系

城镇化从现象上表现为人口从农村向城市地区的流动。城镇化有助于提升市场效率、就业、教育和改善健康,并为改善社会服务和促进经济发展提供了新的机会[52]。高质量是当下时代发展的目标，城市发展同样也紧紧围绕着提高城镇化质量进行，因此新型城镇化鼓励人口从农村有序地向城市迁移，促进大、中、小城市和城镇的均衡发展，提高城市的可持续性[53]。在已有研究文献中，有关于新型城镇化发展路径[54]、发展水平评价[55]，以及影响因素等研究[56]。在新型城镇化发展质量指标选取上，现有文献主要从这几个方面进行设定：人口、经济、公共服务（基础设施）、社会发展、生态环境、城乡一体化。在借鉴已有研究成果基础上，结合西藏自治区新型城镇化的实践，从城镇化投入子系统、城镇化产出子系统、城镇化环境子系统构建综合评价指标体系。但由于西藏自治区城镇生态环境数据缺损，因此仅从投入和产出两个子系统进行评价，这对评估结果有一定的影响，扩大了评估的误差。类似地，首先明确各指标的性质，然后使用可得数据，运用熵权法确定各级指标的权重，结果如表 4-2 所示（表中已列出生态环境评价指标，但因数据缺损无法确定相应权重）。

表 4-2　西藏新型城镇化发展水平评价指标体系与指标权重

一级指标	二级指标	性质	权重
城镇化投入（0.557 4）	人均一般公共预算支出（万元）	正	0.047 3
	每千人拥有学校数（个）	正	0.125 5
	每千人拥有的卫生技术员数（人）	正	0.038 1
	邮电业务总量（万元）	正	0.207 9
	人均财政科技支出（元）	正	0.093 4
	人均医疗床位数（张）	正	0.045 2
城镇化产出（0.442 6）	二三产业占总产值比重（%）	正	0.059 0
	城镇人口占总人口比重（%）	正	0.062 5
	客运总量（万人次）	正	0.099 9
	城镇居民人均可支配收入（元）	正	0.031 7
	货运总量（万吨）	正	0.099 1
	全区人均文教娱乐支出占比（%）	正	0.034 2
	全区居民人均消费支出（元）	正	0.056 1

续表

一级指标	二级指标	性质	权重
城镇化环境 （0）	建成区绿化覆盖率（%）	正	空
	人均公园绿地面积（平方米）	正	空
	生活垃圾无害化处理量（万吨）	正	空
	烟（粉）尘排放量（吨）	负	空
	城市污水日处理能力（万吨）	正	空
	二氧化硫排放量（吨）	负	空

从表中可以看出，新型城镇化投入指标的权重最大（0.557 4），其中邮电业务总量最为重要（0.207 9）。分析可知，中国邮政和电信作为国家基础设施的重要组成部分，被列入了全区基础设施重要发展计划，在带动经济增长和实现社会公平方面，起着至关重要的作用。每千人拥有的学校个数（0.125 5）权重也较大，这反映了近年来西藏各市的教育条件明显改善，教育水平显著提高。城镇化产出指标权重也高达 0.442 6，其中货运总量（0.099 1）和客运总量（0.099 9）占权最多，说明西藏各市交通运输能力显著提高，带动了城镇化发展建设。

4.2　西藏乡村振兴发展水平综合评价

4.2.1 乡村振兴发展水平测度

根据上述评价方法和评价体系，综合评价西藏自治区拉萨市、昌都市和阿里地区的乡村振兴发展水平，结果见表 4-3。

表 4-3　西藏自治区部分地区乡村振兴发展水平综合评价指数

年度	拉萨市	昌都市	阿里地区
2016	0.472 4	0.265 3	0.334 6
2017	0.534 5	0.342 8	0.363 0
2018	0.564 4	0.365 7	0.367 7
2019	0.626 8	0.396 8	0.409 7
2020	0.589 8	0.411 0	0.502 6

4.2.2 评价及结果分析

图 4-1 显示了评价期（2016—2020 年）拉萨市、昌都市和阿里地区的乡村振兴发展水平。从乡村振兴发展水平上看，拉萨、昌都、阿里都有着显著上升的趋势，说明总体上乡村振兴战略在西藏得到了有效实施。在这三个地区，昌都市和阿里地区起点都比较低，分别为 0.265 3 和 0.334 6，但增幅都比较大，分别为 0.145 7 和 0.16 8，说明乡村振兴战略在昌都和阿里实施的效果最为明显。这表明，一方面，两个地区乡村振兴发展潜力比较大；另一方面，在西藏自治区乡村振兴的全面脱贫阶段，政策没有落下任何一个地区或任何一个成员。评价结果也表明，拉萨市的乡村振兴发展水平最高，为 0.589 8，分别比昌都市和阿里地区高出 0.178 8 和 0.087 2，其原因在于，拉萨是自治区的首府，其经济发展基础较好，政策传递时间短。

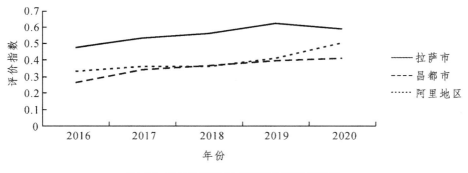

图 4-1 乡村振兴发展水平综合评价指数图

4.3 西藏新型城镇化发展水平综合评价

4.3.1 新型城镇化发展水平计算

根据上述评价方法和评价体系，综合评价西藏自治区拉萨市、昌都市和阿里地区的新型城镇化建设发展水平，结果见表 4-4。

表 4-4　西藏自治区部分地区新型城镇化水平综合评价指数

年度	拉萨市	昌都市	阿里地区
2016	0.381 2	0.075 1	0.234 1
2017	0.445 5	0.102 5	0.285 0
2018	0.437 0	0.126 2	0.317 8
2019	0.589 1	0.113 7	0.391 3
2020	0.676 5	0.271 2	0.451 5

4.3.2 评价及结果分析

图 4-2 显示了评价期（2016—2020 年）拉萨市、昌都市和阿里地区的新型城镇化建设发展水平。新型城镇化综合评价指数越接近于 1，说明其建设发展水平越高。从 2016—2020 年三个市（地区）的综合评价指数来看，整体上都呈现逐年上升的趋势。表明各市的城镇化水平日渐提高，呈现良好的建设发展态势。在历年中，拉萨市新型城镇化综合评价指数最高，昌都市最低。从新型城镇化综合评价指数提升幅度看，拉萨市和阿里地区都翻了一番，而昌都市增速最快，增加了近两倍。由此可知，在评价期内，三个地区的新型城镇化都取得显著成效，为进入城镇化新发展阶段奠定了良好的条件和基础。

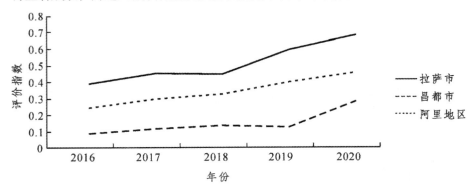

图 4-2　城镇化水平综合评价指数图

4.4　西藏乡村振兴与新型城镇化发展耦合协调分析

乡村振兴是新型城镇化的基础，城镇高质量发展带动乡村振兴并为其增添动力，两者相辅相成，缺一不可。一直以来，中央政府和各级地方政府就非常注重城乡统筹发展，政策上早就提出了要缩小城乡收入差距，实现均衡发展。理论上，也有专家学者指出，城乡一体化是乡村振兴的最终目标[57]。根据前文的分析，从民族地区经济–社会大系统来看，乡村振兴子系统和新型城镇化子系统存在多个耦合点，有多种耦合方式。鉴于此，以下将构建乡村振兴子系统和新型城镇化子系统的耦合度模型，结合西藏自治区乡村振兴和新型城镇化的发展实践，对其耦合协调度进行测度和分析。

4.4.1　构建耦合度模型及耦合协调度模型

耦合是物理学领域的经典概念，侧重于两个或多个独立单元的相互作用，其概念已逐渐被地理学、环境科学、生态学、经济学和其他学科的学者采用，以研究两个或多个系统之间的相互作用。结合丁翠翠等（2020）[58]的研究，将乡村振兴和新型城镇化两个子系统分别用 U_1 和 U_2 表示，即上述研究中对应发展水平的评价结果，确定耦合度计算模型为：

$$R_n = n \times \left[\frac{U_1 U_2 \cdots U_n}{(U_1 + U_2 + \cdots + U_n)^n} \right]^{\frac{1}{n}}$$

（6）

其中，R_n 为系统的耦合度，n 代表子系统的个数，本文中 $n = 2$，耦合度模型可以表示成 $R_2 = 2 \times \left[\frac{U_1 U_2}{(U_1 + U_2)^2} \right]^{\frac{1}{2}}$。耦合度只能反映两个子系统的相互作用的大小，不能反映两者之间协调程度，因此接着构建耦合协调度模型：

$$D = \sqrt{R \times T} , \quad T = \beta_1 \times U_1 + \beta_2 \times U_2$$

（7）

这里的 D 就是整个系统的耦合协调度，T 是两个子系统结合起来的综合发展水平，β_i 是待定系数，该系数值人为地根据子系统相互之间的重要程度或地位进行取值，参考其他文献的研究，取 $\beta_1 = \beta_2 = 0.5$。参照丁翠翠等（2020）对耦合协调度分类和判断标准的划分[58]，具体划分层次见表 4-5。

表 4-5 耦合协调度等级评判标准

耦合协调度	耦合协调等级	区间	分类
[0,0.1）	极度失调		
[0.1,0.2）	严重失调	$0 \leq D < 0.4$	失调衰退类型
[0.2,0.3）	中度失调		
[0.3,0.4）	轻度失调		
[0.4,0.5）	濒临失调	$0.4 \leq D < 0.6$	中间过渡类型
[0.5,0.6）	勉强协调		
[0.6,0.7）	初级协调		
[0.7,0.8）	中级协调	$0.6 \leq D \leq 1$	协调提升类型
[0.8,0.9）	良好协调		
[0.9,1]	优质协调		

4.4.2 耦合协调度测算及分析

根据以上耦合协调模型，测度西藏自治区拉萨市、昌都市和阿里地区的乡村振兴子系统与新型城镇化子系统的耦合协调度，计算结果见表 4-6。

表 4-6 西藏自治区部分区域乡村振兴与新型城镇化耦合协调度

年份	拉萨市	昌都市	阿里地区
2016	0.651 4	0.375 7	0.529 0
2017	0.698 5	0.433 0	0.567 1
2018	0.704 7	0.463 5	0.584 7
2019	0.779 5	0.460 9	0.632 8
2020	0.794 8	0.577 8	0.690 2

图 4-3 显示了评价期（2016—2020 年）拉萨市、昌都市和阿里地区的乡村振

兴子系统与新型城镇化子系统的耦合协调度。

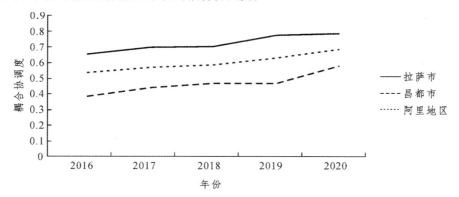

图 4-3　西藏自治区部分地区乡村振兴与新型城镇化耦合协调度图

　　从拉萨、昌都、阿里三个城市的耦合协调度可以看出，其总的趋势是逐渐向好的。但三个地区发展差异仍然突出，截至 2020 年，昌都市耦合协调度仅为 0.577 8，仍然没有进入协调提升行列。其原因在于：一方面，起点比较低，昌都市不管从乡村振兴发展水平还是从新型城镇化发展水平来看，都与拉萨差距非常明显；另一方面，尽管昌都市是藏东地区的交通重镇，但其交通区位并不具备优势。阿里地区的发展从勉强协调过渡到了中级协调，这主要归功于政府对乡村振兴战略和城镇化的积极协同推进。在这三个地区当中，拉萨市乡村振兴子系统和新型城镇化子系统耦合度最高，这得益于拉萨市在西藏自治区中的重要地位和作用。应该指出的是，乡村振兴子系统和新型城镇化子系统耦合协同度高，并不一定意味着两个系统的演化都处于更高阶段，而是体现了该地区在乡村振兴战略实施和新型城镇化建设发展方面做到了协同推进，更好地促进了区域经济-社会的协调发展。

西藏乡村振兴与新型
城镇化耦合发展案例研究

乡村振兴战略的目标在于通过发展乡村特色产业吸引返乡人才，就地解决农民劳动力问题，带动农民创收增收、发展乡村特色文化、改善乡村生态环境和治理环境，以产业振兴带动人才振兴、文化振兴、生态振兴、组织振兴。新型城镇化战略的目标在于建设以人为核心的现代城镇化发展体系，讲求城乡互补、协调发展，可以通过农村就地城镇化的方式实现，就地发展特色产业进一步促进乡村发展。所以，乡村振兴和新型城镇化在实现方式和最终目标上都具有耦合关系。特色小镇作为未来中国大部分小城镇的主要发展方向，能够有效推进县域经济发展，成为促进乡村振兴战略实施的重要载体和平台，也是实施新型城镇化战略的有效媒介和桥梁。

  西藏作为一个边疆少数民族地区，其地理位置和社会历史条件十分特殊，战略地位也极其重要，如何推进西藏的乡村振兴和新型城镇化发展，对巩固祖国西南国防，建设社会主义现代化国家都至关重要。由于数据可得性，第4章只对部分地区的乡村振兴与新型城镇化耦合度进行了量化分析，显然不能完全展示全区乡村振兴和新型城镇化协同发展的全貌。特色小镇就是进一步推进西藏乡村振兴和新型城镇化的重要突破口，到2021年年底，西藏已建成20多个特色小镇。以下将以拉萨、林芝、昌都以及山南为研究对象，分区域研究西藏乡村振兴和新型城镇化发展现状，并对乡村振兴和新型城镇化如何相互作用、如何实现耦合发展进行探讨。

5.1 拉萨市乡村振兴与新型城镇化耦合发展案例

  拉萨市地处雅鲁藏布江支流拉萨河中游河谷平原，是西藏自治区政治、经济、文化和科教中心，也是藏传佛教圣地。作为首批国家历史文化名城，拉萨市以风光秀丽、历史悠久、风俗民情独特、宗教色彩浓厚而闻名于世。作为西藏的首府，拉萨市城镇化率领跑西藏自治区，超出全区城镇化率20个百分点。截至2021年年底，拉萨市3个区县共打造了3个特色小镇，特色小镇与拉萨的自然风光融合，有效带动了乡村一、二、三产业的蓬勃发展。

5.1.1 拉萨市乡村振兴与新型城镇化发展现状

2015 年来，拉萨市坚持市县抓落实的工作机制，建立各负其责、合力攻坚的责任体系，全力推进全市脱贫攻坚工作。截至 2017 年年底，全市实现 10 721 户 43 837 名贫困群众脱贫，220 个贫困村（居）"摘帽"。从 2020 年开始，拉萨市按照新发展阶段的要求，严格落实"四个不摘"，强化干部责任担当，狠抓工作落实，强力推进巩固拓展脱贫攻坚成果同乡村振兴有效衔接，进一步促进城乡融合发展。

（1）乡村振兴子系统现状。如前文所指出，乡村振兴子系统由三大子系统构成，投入子系统、产出子系统和环境子系统，三个子系统间相互影响，共同推动乡村振兴子系统深化变迁。以下分别讨论拉萨市乡村振兴投入、产出、环境三个子系统的现状。

①乡村振兴投入子系统。从生产投入来看，在机械设备投入方面，近二十年农业机械总动力总体呈上升趋势。截至 2020 年，总动力达到 133 万千瓦，是 2000 年的 3.63 倍，农机装备总量达 10.32 万台，完成机耕面积 52.81 万亩、机播面积 49.77 万亩、机收面积 44.83 万亩，三项作业综合机械化率达到 82%。在用电投入方面，截至 2020 年，农村用电量达到 3 937.91 万千瓦时，对比 2000 年的 1 207.28 万千瓦时翻了 3.26 倍，由此可见，整个农村的通电用电量增加幅度较大①。

从资金投入来看，2020 年中央财政专项扶贫资金支持"三区三州"深度贫困地区脱贫攻坚资金分配中拉萨市占 1 600 万元，2021 年自治区中央财政衔接推进乡村振兴补助资金共计 27 996.80 万元，拉萨市 2022 年自治区中央财政衔接推进乡村振兴补助资金共计 75 932.00 万元，由此可见政府在乡村振兴的投入资金不断增加②。同时，拉萨市开工建设涉农领域项目 250 余个，主要包括易地扶贫搬迁、农田水利、设施农业、造林绿化等，累计实施产业扶贫项目 485

---

① 数据来源于拉萨市 2016—2020 年统计年鉴。
② 拉萨市人民政府官网，http://www.lasa.gov.cn/lasa/zbwj/202205/ce441ee531e14975a3c 03cd37a7d0565.shtml。

个，完成 444 个，已投产运营并发挥经济效益的项目有 340 个，带动建档立卡贫困群众分红、就业 3.60 万余人，增收 1.38 亿元[①]。

从人力资本投入来看，以农村医疗和教育为观测指标，截至 2020 年，拉萨市农村卫生室共 190 所，占基层医疗卫生机构的 43.78%，并且实现了连续五年保持农村卫生室数量在 40.00%左右的占比。农村居民家庭在医疗保健方面的平均每人消费支出，由 2015 年的 198.00 元经过连续上升至 2020 年达到 347.00 元，这表明农村居民医疗保健意识在不断增强。教育方面，截至 2022 年，拉萨市"三包"经费标准历经 18 次提升，受益人数达到 12 万人，占学生总人数 82.00%以上，充分推动了拉萨市的乡村教育发展[②]。

②乡村振兴产出子系统。从产业发展来看，在乡村振兴背景下，乡村各大产业得到快速发展。图 5-1 表示出了 2016—2020 年拉萨市主要农产品的产值，其中，农林牧渔业 2020 年生产总值达到了 417 601.39 万元，相较于 10 年前的产业总值翻了近三番。乡村特色产业也得到了快速发展，以牦牛为例，以当雄县、达孜区、林周县、墨竹工卡县、尼木县 5 县（区）为主开展牦牛规模化集中养殖，出栏牦牛数从 2017 年的 0.61 万头增加到 2020 年 1.82 万头；肉类总产量达到 4.60 万吨。扎实推进奶牛"万百十"建设工程，建设标准化养殖场 55 个，高标准养殖中心 7 个，引进优质荷斯坦牛和娟姗牛 9 144 头，现有奶牛存栏 9 万头，奶产量达到 14.20 万吨。畜牧业良种覆盖率达到 38%，较"十二五"时期增长 9.00%[③]。

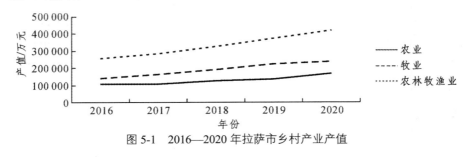

图 5-1　2016—2020 年拉萨市乡村产业产值

---

① 搜狐网，https://www.sohu.com/a/477127472_362042。
② 拉萨市卫生健康委员会官网，http://jkw.lasa.gov.cn/wswyh/tjxx。
③ 数据来源于拉萨市 2016—2020 年统计年鉴。

从文化发展来看，以乡村文化旅游活动为抓手开辟了群众增收新渠道。在整合当地特色民族文化资源基础上，以轻资产、精品化、原生态、接地气、可持续为目标，打造乡村文化旅游演艺品牌，带动当地群众通过参与演艺或经营农家乐等途径实现就业增收。同时，立足贫困地区丰富的传统手工艺等非遗资源优势，培育"非遗+扶贫"传统工艺项目，用特色非遗资源促进乡村产业振兴。比如，新建的塔巴陶瓷生产基地，以墨竹工卡县非遗塔巴陶瓷开发生产为牵引，深入挖掘当地特色民族民俗文化资源，打造民族传统节庆活动品牌，推动当地特色产品的销售，不仅吸引了更多游客前来观光，还有力推进了农村产业的融合发展。

在农牧民收入方面，2016—2020 年，拉萨市农村居民家庭平均每年总收入、人均可支配收入都在不断增加，且增长趋势明显（图 5-2）。

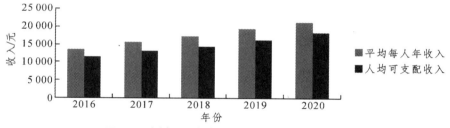

图 5-2　农村居民家庭人均总收入和可支配收入

③乡村振兴环境子系统。从自然生态环境来看，2011 年至今，全市共争取林业建设资金 6.87 亿元，完成造林面积 60 余万亩，封山育林 24.00 万亩。目前，全市林业面积达 970.40 万亩，森林覆盖率 19.49%，活立木总蓄积量 40 余万立方米。截至 2020 年年底，拉萨市 251 个行政村（包含拉萨城内社区）成功创建自治区级生态村，创建率达 95.40%；64 个乡镇成功创建自治区级生态乡镇，创建率达 100.00%①。随着拉萨市经济的快速发展，对污水排放的关注也在不断增加。以柳梧新区为例，为了加快对污水的处理，先后投资近 2 000 万

---

① 西藏自治区人民政府，http://www.xizang.gov.cn/xwzx_406/dsdt/202102/t20210222_193489.html。

元建设了污水处理厂。在生态保护方面，自 2011 年开始建立草原生态保护补助奖励机制以来，2012 年完成全市草场承包工作，全市共承包草场到户或联户面积 3 009.42 万亩，占可利用面积的 99.75%，实施草原生态保护补助奖励机制面积 3 009.42 万亩，其中实施草畜平衡面积 2 724.42 万亩、禁牧面积 285 万亩，覆盖全市 8 县（区）57 个乡（镇）222 个村 55 784 户 270 067 人。截至 2020 年年末，实有耕地面积为 41 370.83 公顷，对比 2012 年实有耕地面积增加了 6 217.37 公顷；农作物总播种面积在 2020 年达到 49 432.82 公顷，对比 2012 年总播种面积增加了 10 963.35 公顷[①]。

在生态环境和社会治理方面，截至 2020 年年底，拉萨市已有 251 个行政村（包含拉萨城内社区）成功创建自治区级生态村，创建率达 95.40%；64 个乡镇成功创建自治区级生态乡镇，创建率达 100.00%；墨竹工卡县、当雄县、城关区、堆龙德庆区等 4 个县（区）成功创建自治区级生态县（区），当雄县成功创建国家级生态文明建设示范县[②]。生态文明建设示范县、示范村极大带动了拉萨市县域生态环境的治理和社会治理水平的进步。

在基础设施建设方面，以交通建设为例，全市交通辖区农村公路通车里程达 4 646.60 公里，比 2015 年年末增加 531 公里，高等级公路通车里程达 200 余公里；新增农村公路 2 586 公里，辖区所有乡镇、行政村通畅率 100.00%、通客车率 100.00%，自然村通达率 100.00%、通畅率超 50.00%[③]。

在支持政策方面，拉萨市政府部门或金融机构通过项目、金融服务产品或组织制度创新等，为乡村振兴战略的实施创造了良好的外部环境。表 5-1 列出了拉萨市乡村振兴战略实施中的相关支持政策或项目，既包括金融政策，也包括对项目实施和组织创新的支持，为乡村振兴战略营造了更友好的政策环境。可以看出，拉萨市政府引导下的多种社会力量积极参与新型城镇化发展的格局

① 数据来源于拉萨市 2016—2020 年统计年鉴。
② 中国西藏网，http://ttt.tibet.cn/cn/ecology/202102/t20210205_6950429.html。
③ 中国西藏新闻网，http://www.xzzw.com/xw/202012/t20201208_3382256.html。

已初步形成。

表 5-1 拉萨市乡村振兴战略实施中的相关支持政策或项目

支持政策或项目	具体内容
乡村振兴林卡贷	推进乡村振兴战略、助力拉萨市实施文化旅游产业融合发展三年行动计划、堆龙德庆区高质量发展
雪域惠农 e 贷——乡村旅游贷	推动拉萨市城乡旅游业发展，农行部门进一步创新服务"三农"模式
建立小康示范区、拉萨市城关区嘎巴生态牧场	打造了象雄美朵生态旅游文化产业园，发展藏家民宿经济，切实提升了村民的收入，解决了当地村民的就业问题
电子商务进农村综合示范项目	建设并运营尼木县电子商务公共服务中心，建设运营了 7 个乡（镇）级电子商务服务站点及 18 个行政村级电商服务网点，形成了完善的县乡村三级电商公共服务体系
支持设立经济合作联社等组织	曲水县设立经济合作联社等集体经济组织，积极探索实施"党组织+企业+合作社"等模式

（2）新型城镇化子系统现状。以下仍然从新型城镇化投入子系统、产出子系统和环境子系统三个方面进行分析。

①新型城镇化投入子系统。从固定资产投入来看，全市固定资产投资总额近五年总体呈上升趋势，在 2018 年增长至 680 亿元，2019 年的投资额则相较于上年减少了 3.10%。从城镇人口规模来看，截至 2020 年，拉萨市城镇人口数量达到 256 875 人，占比 45.00%。图 5-3 展示了 2016—2020 年拉萨市城镇人口的变化，可以看出，在 2017 年实施乡村振兴战略后，全市城镇化人口数量占比显著增加且加速上升①。

---

① 数据来源于拉萨市 2016—2020 年统计年鉴。

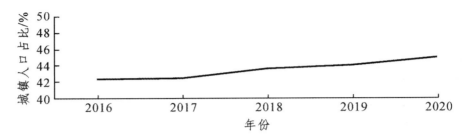

图 5-3　拉萨市 2016—2020 年城镇人口占比数量变化

　　在住房和交通方面，截至 2020 年，拉萨市累计实施城镇棚户区改造项目 73 个 3.07 万余户，总投资 46.10 亿元。其中，已完工 2.59 万余户，在建 4 800 户。拉萨市 2022 年棚户区改造项目共计 3 个 2 967 户，估算投资约 1.96 亿元[①]。与此同时，2016—2020 年，共实施各类城镇保障性安居工程 47 687 套（户），发放租赁住房补贴 3 158.53 万元，惠及群众 6 953 户、10 322 人次，实现低收入住房困难家庭应保尽保。建设小康安居安置房 2 229 套，其中市级 936 套、县级 1 293 套，为居民住房提供了保障。在"十三五"时期，全市中心城区面积达到 303 平方公里。市政基础设施不断完善，打通 32 条城市"断头路"，新建停车位 2 万个[②]。

　　在人力资本投入方面，以教育发展为例，2016 年至 2020 年，全市共投入教育经费 234.41 亿元，建成各级各类学校 373 所，学前教育毛入学率达到 96.32%、九年义务教育巩固率达到 99.03%、高中阶段教育毛入学率达到 94.00%。教育"三包"标准已达年人均 4 100 元，受益学生 11.75 万人。兑现困难家庭学生教育资助资金 1.98 亿元，资助困难家庭学生 3.56 万人，逐步建立起涵盖学前教育、基础教育、职业教育、高等教育、成人教育、特殊教育等的完整现代教育体系，并且基本实现办学条件标准化[③]。

---

① 西藏新闻网，http://www.xzxw.com/zw/zwyw/202204/t20220422_4176913.html。
② 拉萨市交通运输局，http://jtj.lasa.gov.cn/jtj/lsyy/202103/ccccec6becf14efda8508acc 83096a4d.shtml。
③ 拉萨市人民政府官网，http://www.lasa.gov.cn/lasa/lsyw/202111/579c4138d42348fa9 fec0eb13f 5b7e4e.shtml。

在促进就业方面，2016—2020 年，全市共投入就业补助资金 7.49 亿元，累计完成转移就业 41.70 万人，实现城镇新增就业 5.50 万人，城镇登记失业率控制在 3.00%以内，高校毕业生平均就业率保持在 95.00%以上，就业局势持续稳定。

②新型城镇化产出子系统。在产业发展方面，城镇产业主要为第二、三产业。2016—2020 年拉萨市第二产业和第三产业生产总值持续增长，第三产业产值整体高出第二产业产值，但在 2019 年后，第二产业产值增长速度出现了显著的提升（图 5-4）[①]。

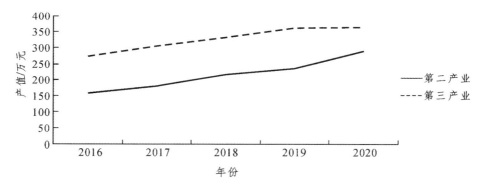

图 5-4　拉萨市 2016—2020 年第二、三产业产值

在文化发展方面，2016—2020 年文化事业全面繁荣发展，成功申报 2 处全国重点文物保护单位、第二批全国革命文物保护利用片区和 23 处自治区级文物保护单位，建成自治区级文化产业示范基地（园区）22 个。截至 2020 年年末，全市共有艺术表演团 299 个，博物馆的数量从 2016 年的 1 个增加至 2020 年的 8 个，全市广播覆盖率达到 99.30%，电视综合人口覆盖率达到 99.46%。文艺作品创作方面，推出《金城公主》舞台剧等一系列优秀文艺作品，文创园区获评国家级文化产业试验园区[②]。

在城镇居民收入与消费水平方面，2015—2020 年，城镇居民人均收入不断

---

① 数据来源于拉萨市 2016—2020 年统计年鉴。
② 拉萨市人民政府，http://www.lasa.gov.cn/lasa/lsyw/202111/579c4138d42348fa9fec0eb13f5b7e4e .shtml。

增长，2020 年达到 43 640 元，比上年增长 10.00%，消费水平总体呈上升趋势，2020 年由于新冠疫情的原因，导致消费水平出现小幅下降（图 5-5）[①]。

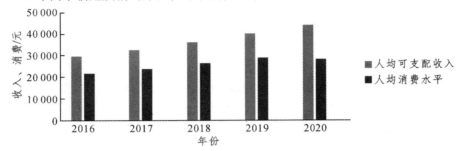

图 5-5　拉萨市 2016—2020 年城镇居民收入、消费变化

　　③新型城镇化环境子系统。自然生态环境方面，全市建成绿化覆盖面积 2016—2020 年保持在稳定水平，直至 2020 年增长至 3 288 公顷，与此同时，建成区绿化覆盖率在 2020 年达到 37.68%，2016—2020 年总体位置在同一水平。2019 年，全区新增绿色建筑面积 810.84 万平方米，城镇绿色建筑面积占新建建筑面积比例达 55.26%，较 2018 年增加 20 个百分点。

　　在基础设施方面，几年来，先后完成拉萨市纳金水厂等 9 座供水厂建设，总投资 42.33 亿元。全区新增供水管网 478.95km、排水管网 359.59km、雨水管道 67.78km。截至 2019 年年底，全区城市公共供水普及率达到 94.75%，县城及以上城镇公共供水普及率达到 87.63%，公共供水普及率比"十二五"末分别提高了 9.75 和 32.63 个百分点。

　　在营商环境优化方面，拉萨市市场监管局坚持"我为群众办实事"的办事理念，深化全程电子化服务功能，企业凭电子营业执照即可办理税务、社保、银行开户等事项，企业全程电子化使用率达到 50.00%以上。据悉，城关区和达孜区市场监管局试点实行"智能审批"个体工商户，实现 40 项高频事项现办现领。截至 2021 年第一季度，拉萨市新登记注册市场主体 5 229 户，各类市场主体达 13 万余户，与去年年底相比增长 23.00%[②]。

---

① 数据来源于拉萨市 2016—2020 年统计年鉴。

② 西藏自治区人民政府，http://www.xizang.gov.cn/xwzx_406/dsdt/202104/t20210423_200550.html。

5.1.2 拉萨市乡村振兴与新型城镇化耦合发展机制分析

（1）新型城镇化推进农村经济进步。新型城镇化进程使农村人口转移至城市，增加了拉萨农村的人均占有资源量，特别是人均耕地面积不断增加；与此同时，农业现代化不断加快，农业机械动力增多，形成了规模化生产，农业总产量也随之提高。

（2）新型城镇化促进农民收入增加。新型城镇化给农民提供了更多进城打工的机会，以前拉萨农民的主要收入来自农业经营，非农业收入较少；随着拉萨各城镇的发展，特别是近些年特色小镇的发展，城镇就业机会不断增多，吸纳了更多的农民非农就业，农民工资性收入增加明显。

（3）乡村振兴为新型城镇化提供保障。城镇化进程归根结底是由农业的发展推动的。乡村的发展为城镇化提供了劳动力、原料、食品等资源。随着农业现代化水平的提升，农业劳动生产率得到提高，大量的农村剩余劳动力随之产生，进一步为城镇工业、服务业的发展提供了充足的劳动力。而乡村振兴战略的实施，提升了农村转移劳动力的教育水平及技能，提高了就业者的整体素质，较好满足了城镇产业的人才需求，为产业兴旺提供了基础保障。

（4）乡村振兴刺激新型城镇化经济发展。乡村振兴是以农业、农村现代化为前提的振兴，乡村振兴无疑会极大改变农村地区现状，促进农村经济发展，提高农民生活水平，为工业化发展提供更有保障的原材料，使农村市场得到进一步开发，进而促进城乡市场的互动融合，最终形成有机统一大市场，有力推进我国现代化进程（见图5-6）。

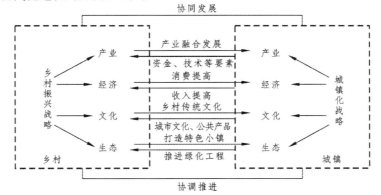

图 5-6　拉萨市乡村振兴与新型城镇化耦合发展关系图

总的来看，拉萨市作为西藏自治区首府，城镇化率高于西藏自治区平均城镇化率 20 个百分点，处于全区新型城镇化发展建设的第一梯队。然而，2019年拉萨市城镇化率仍低于全国平均水平，并且远低于全国其他 4 个自治区首府的城镇化率——乌鲁木齐（90.20%）、银川（79.10%）、呼和浩特（70.45%）、南宁（63.7%）[59]，拉萨市新型城镇化建设还有很大的发展空间。

5.2 林芝市乡村振兴与新型城镇化耦合发展案例

林芝市是西藏下辖地级市，古称工布，位于西藏东南部，林芝市平均海拔3 100 米，总面积 11.487 万平方千米。根据第七次人口普查数据，截至 2020 年11 月，林芝市常住人口为 238 936 人。2021 年，面对"三农"工作重心历史性转向乡村振兴的新形势，林芝全市围绕巩固拓展脱贫攻坚成果、推进乡村振兴"两大任务"，积极谋划，强化有效衔接，扎实推进城乡融合协同发展。

5.2.1 林芝市乡村振兴与新型城镇化发展现状

在相当长一段时期，林芝市农牧区面临农牧民经营主体发展理念落后、发展动力不足、农业经营主体类型少、总量不大、市场发育活力不足、产业融合滞后、品牌意识淡薄、区域发展不协调、不均衡等现实问题。针对农牧区农业经营主体发展现状，林芝市加强农业经营主体与乡村振兴的深度融合，努力探索绿色高质量的乡村振兴之路。

（1）乡村振兴子系统现状。

①乡村振兴投入子系统。从生产投入来看，随着电网建设持续推进，农村用电量需求得到快速释放，2016—2020 年，林芝市农村用电量平均增速达到30.77%，2020 年达到 5 687.84 万度；在机械设备投入方面，近二十年农业机械总动力总体呈上升趋势，截至 2020 年，总动力达到 134 万千瓦，耕作机械台数达到 21 431 台①。

从资金投入来看，2020 年中央财政专项扶贫资金支持"三区三州"深度贫

---

① 数据来源于林芝市 2016—2020 年统计年鉴。

困地区脱贫攻坚资金分配林芝市共计 10 213.38 万元，2021 年自治区中央财政衔接推进乡村振兴补助资金共计 35 917.67 万元，2022 年自治区中央财政衔接推进乡村振兴补助资金分配给林芝市共计 76 935 万元，政府对乡村振兴的投入资金不断增加[①]。在通信方面，2016—2020 年全市的邮政业务总量总体维持在较高水平，其中，农村投递路线不断增加，截至 2020 年，达到 191.12 公里，是 2016 年的 2.79 倍，所有行政村实现了通硬化路、通自来水、通电、通邮、通光纤宽带[②]。

从人力资本投入来看，在教育、医疗卫生等社会保障方面，首先，林芝市在校（含民办）农牧民子女、城镇困难家庭子女、全市公路养护段困难家庭子女及公路养护段职工子女均能按标准享受"三包"政策，全市农牧民子女在校（含民办）学生均能按标准享受"农牧区义务教育学生营养改善计划政策"，全市在校（含民办）学生均能按标准享受"义务教育阶段免费教育政策"，实现了农牧民和城镇低收入家庭子女义务教育阶段资助全覆盖，确保了不让一个学生因家庭经济困难而失学，确保了每一个家庭不因学生就学而致贫[③]。其次，在林芝市困难人口的基本医疗保障情况方面，为防止因病致贫、因病返贫，林芝市政府拨款 31 万元，与林芝市老干局、扶贫办、工会等部门建立数据共享机制，构建医保扶贫济困动态监测平台，对林芝市 23 893 名建档立卡贫困户和在职、退休困难职工就医及费用情况，进行实时动态监测和管理，并构建平台运行联动机制和保障流程，为建档立卡群众和困难职工等弱势群体的医疗提供强有力的保障机制[④]。

②乡村振兴产出子系统。从产业方面来看，截至 2020 年，粮食作物产量达到 84 929.34 吨、畜总头数达到 75.18 万头、产奶量达到 26 380.45 吨、总体较

---

① 西藏人民政府，http://www.xizang.gov.cn/zwgk/xxfb/gsgg_428/202112/W020211230458604914716。

② 林芝市人民政府，http://www.linzhi.gov.cn/linzhi/zwgk/202111/1919a1c4ebc546d79fe60 5559655e335.shtml。

③ 中国教育新闻网，http://www.jyb.cn/rmtzcg/xwy/wzxw/201907/t20190709_246949. html。

④ 人民网，https://baijiahao.baidu.com/s?id=1673704002683772023&wfr=spider&for=pc。

上一年都有了增长。农林牧渔总产值达到 168 297.73 万元，农林牧渔业商品总值达到 87 499.00 万元，较上一年增长 12.16%。从农牧民收入方面来看，农村居民人均可支配收入连续多年超过全国平均水平，居全区第一[①]。

从文化方面来看，林芝市大力实施文化乡村振兴计划，坚持将巩固脱贫攻坚成果同乡村振兴有效衔接，投入 2 026.59 万元用于特色文化示范县区、乡、村创建，以及戏曲下乡村、贫困村购置文化设备等，加大对全市 2021 年度 100 个乡村振兴示范村、重点帮扶村的文化扶持力度，不断巩固边境县、乡镇、村公共文化示范建设项目创建成果。深入开展文化下乡活动，市、县、乡、村四级联动全年演出 4 000 余场次[②]。

在支持政策方面，林芝市积极推进乡村振兴战略，为塑造乡村良好营商环境做出了积极行动。一方面，从农户入手发展特色养殖、乡村旅游等；另一方面，与当地金融机构深化合作，为产业培育和发展壮大提供资金支持。同时，还加大基础设施建设投入，通过建设交通道路等，为乡村产业发展、招商引资提供更好的硬件设施环境，具体措施如表 5-2 所示。

表 5-2 林芝市乡村振兴战略相关做法汇总

支持政策或项目	具体内容
"乡村振兴·固边贷"	中国人民银行林芝市中心支行指导农行林芝市分行进一步丰富金融戍边类金融产品，满足边境农牧民、民营小微企业的金融服务需求。
"四好农村路"助力乡村振兴	林芝市朗县以交通项目建设为契机，积极协调施工单位组织贫困群众参与交通项目建设。
易贡茶场依靠产业振兴助力乡村振兴	以"红茶+绿茶+边销茶"模式，推进茶场"红色历史资源+绿色生态茶田景观化+低氟健康茶饮"产业链发展，实现"茶+旅游"模式有效拓展，以产业振兴助力当地乡村振兴。

① 数据来源于林芝市 2016—2020 年统计年鉴。
② 中共林芝委员会，https://lz.xzdw.gov.cn/jrlz/202205/t20220519_245913.html。

续表

支持政策或项目	具体内容
发展特色养殖	开展了"4+1"扶贫产业土鸡养殖项目，建立了空档村村集体经济肥羊养殖场、猕猴桃种植园。
发展智慧旅游	大力实施信息化建设战略，在全区范围内率先实施完成"智慧旅游·乡村旅游信息化"项目建设。

③乡村振兴环境子系统。林芝市 6 个县（区）、44 个乡镇、395 个行政村完成自治区级生态创建，创建率达 80.00%以上。林芝市环境空气质量优良率达 100.00%，主要江河湖泊水质全部达到或优于Ⅲ类标准，森林覆盖率达 53.60%，高出全国近 32 个百分点[①]。

（2）新型城镇化子系统。

①新型城镇化投入子系统。从生产投入来看，截至 2020 年，林芝市固定资产投入同比增长 4.00%，民间投资同比增长 78.50%。地区生产总值、地方一般公共预算收入、社会消费品零售总额、规上工业增加值年平均分别增长 9.10%、13.45%、9.20%、8.00%。累计完成固定资产投资 774 亿元，是"十二五"时期的 1.46 倍[②]。在住房方面，林芝市全市建成城镇保障性住房 3 950 套，完成危房改造 2 474 户、城镇棚户区改造 4 684 套、老旧小区改造 4 197 户。在交通方面，全市公路通车里程达 7 135.98 公里，川藏铁路建设顺利推进，复兴号驶入林芝，林拉高等级公路、机场快速通道通车运营，通麦至 105 段整治"两桥三隧"、墨脱多雄拉隧道全面贯通，还与全国 10 个城市实现空中通航，民航旅客年吞吐量突破 50 万人次，全市各族人民享受到了便捷和先进的交通服务，险远的路途变成现在舒适的旅途[③]。

---

① 中国西藏新闻网，https://baijiahao.baidu.com/s?id=1685054357974725022&wfr=spider&for=pc

② 数据来源于林芝市 2016—2020 年统计年鉴。

③ 林芝市人民政府，http://www.linzhi.gov.cn/linzhi/zwgk/202111/1919a1cz。

在人力资本投入方面，以教育发展和医疗保险为例，全面实现"五个100%"教育工作目标，县域义务教育实现均衡发展，学前三年毛入学率、九年义务教育巩固率、高中阶段毛入学率，分别达 93.18%、96.53%、91.71%，超过全区平均水平。

②新型城镇化产出子系统。根据地区生产总值统一核算结果，全区2016—2020 第二产业和第三产业生产总值总体呈上升趋势（图 5-7）①。

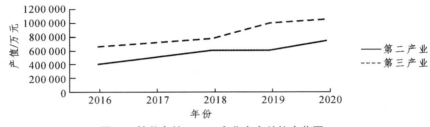

图 5-7 林芝市第二、三产业生产总值变化图

文化发展方面，2021 年，林芝市在全区率先建成"智慧书屋"，安装身份识别系统，实现 24 小时自助阅读、免费借阅。2021 年年底，接待读者 23 064人次，累计外借图书 7 440 册次，归还 6 857 册次，馆藏图书 104 581 册。新建的"智慧书屋"成为一张"全民阅读，书香林芝"的城市名片，广大市民充分享受阅、借、读、听、视全方位延时阅读服务，人民群众日益增长的精神文化需要也不断得到满足②。

在经济方面，一般公共预算支出由 74.65 亿元增加到 134.71 亿元，2015 年、2020 年分别年均增长 10.6%、12.5%。社会消费品零售总额 51.4 亿元，年均增长 9.2%。城镇和农村居民人均可支配收入 2015 年、2020 年分别达 36 480 元、18 791 元，分别年均增长 10.3%、11.9%③。

③新型城镇化环境子系统。在绿化方面，林芝市近些年持续开展国土绿化行动和重点生态功能区修复工作，累计完成人工造林 27.8 万亩，水土流失防治

---

① 数据来源于林芝市 2016—2020 年统计年鉴。
② 中共林芝委员会，https://lz.xzdw.gov.cn/jrlz/202205/t20220519_245913.html。
③ 数据来源于林芝市 2016—2020 年统计年鉴。

51.9 万亩，治理沙化土地 19.3 万亩，森林抚育 41 万亩，森林覆盖率达到 53.6%，生物多样性保护不断加强。河湖长制全面落实，市内主要江河湖泊水质达到或优于Ⅲ类标准，集中式饮用水水源地水质达标率 100%，空气优良率保持 100%。落实森林生态效益补偿、草原生态保护补助等机制，累计提供生态岗位 11.43 万人次①。

在营商环境方面，林芝市各级市场监管部门坚决贯彻执行各级党委、政府保市场主体各项优惠政策，最大程度简化办事流程，持续优化营商环境。截至 2020 年 5 月，林芝市新设市场主体 657 户，同比增长 33.26%。市各类市场主体总量 25 257 户，同比增长 16.09%；注册资本（金）2 681.11 亿元，同比增长 339.05%。其中，企业 5 320 户，注册资本（金）2 624.62 亿元，同比分别增长 19.98%、358.44%；个体工商户 18 879 户，注册资本（金）46.48 亿元，同比分别增长 15.87%、61.89%；农牧民专业合作社 1 058 户，注册资本（金）10.02 亿元，同比分别增长 2.72%、6.36%。林芝市非公有制经济市场主体 24 494 户，注册资本（金）360.98 亿元，同比增长 16.44%、23.48%②。

在招商引资方面，林芝市确定重点发展清洁能源、康养旅游、生物医药、信息科技、商贸物流五大产业。2021 年，全市在建招商引资项目共计 225 个，计划总投资 361.6 亿元，累计到位资金 60.72 亿元，同比增长 16.03%，完成年度目标任务的 112.44%。其中，广东援藏招商引资项目 33 个，累计到位资金 20.16 亿元，完成固定资产投资 13.92 亿元③。

5.2.2 林芝市乡村振兴与新型城镇化耦合发展机制分析

（1）乡村振兴推进新型城镇化的进一步发展。从劳动力的角度看，林芝市城镇化率正在加速推进，农村人口不断向城镇聚集，大量农村劳动力进入城镇从事二、三产业，直接推动了林芝市的经济增长和人均收入增加。乡村振兴需

---

① 中国西藏网，http://www.tibet.cn/cn/news/zx/202107/t20210719_7032649.html。
② 西藏自治区人民政府，http://www.xizang.gov.cn/ /xwzx_406/dsdt/202006/t20200615_157396.html。
③ 南方网，https://news.southcn.com/node_54a44f01a2/af0af789c5.shtml。

要大量社会资本的助力，而社会资本也在寻找优质的投资项目，农村广阔的市场为产业资本的投资打开了巨大的空间。

（2）新型城镇化进一步拉动乡村振兴。2016 年以来，林芝市的农业人口数量在逐年减少，有利于推行农业机械化与规模化生产，提高农业生产效率，加快实现农业农村现代化。与此同时，进入城镇的农民接受了城市新的思想观念和技能训练，提升了自身的素质和水平，又为农业农村现代化提供了数量可观的高素质劳动力。

图 5-8 概括总结了林芝市乡村振兴和新型城镇化协同发展的过程。

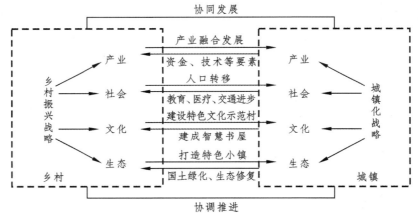

图 5-8 林芝市乡村振兴与新型城镇化耦合发展关系图

但是，总体上看，林芝市在开展社会教育方面人才比较匮乏，农民受教育水平偏低，全市农业现代化水平仍然较低，农业生产方式仍然整体落后。这些都对全市乡村振兴与新型城镇化融合发展形成了障碍。

5.3 昌都市乡村振兴与新型城镇化耦合发展案例

昌都市地处西藏东部、澜沧江上游，自然资源十分丰富，是西藏重要的农牧业区之一，是川藏公路和滇藏公路的必经之地，也是"茶马古道"要地。西藏自治区政府在"十三五"规划中提出，通过打造 26 个特色小镇来进一步推动乡村建设和新型城镇化建设。昌都市依托其独特的自然条件和本地特色打造了然吉塘镇、曲孜卡乡、岗托镇、然乌镇四个特色小镇，通过发展特色旅游产业和休闲农业，进一步推动了乡村振兴和新型城镇化的实施。

5.3.1 昌都市乡村振兴与新型城镇化发展现状

昌都市地理环境复杂、交通不便，受群众文化水平普遍较低、民族文化等因素影响，导致贫困人口多、贫困程度深、脱贫任务难度大，虽然按照现行标准下"两不愁、三保障"的脱贫标准，已消除绝对贫困，但如何巩固脱贫成果，做到与乡村振兴有效衔接，仍是制约昌都市推进乡村振兴和新型城镇化建设的重点和难点[60]。

（1）乡村振兴子系统现状。

①乡村振兴投入子系统。在人力资本方面，2005—2019年，总人口数量持续增加，增加率为31.6%，2019年至2020年人口数量有所下降，下降率为4.65%。其中，城镇人口总体呈现上升趋势，增加率为143.1%，占总人口数量的比重不断增加；乡村人口数量在2005—2019年持续增加，增加率为25.3%，2020年有所下降，下降率为9.14%，占总人口数量的比重不断减少。由此可见，近十五年来，城镇人口占比不断增加，乡村人口占比不断减少，乡村人口在不断向城镇转移。但由于总人口数量整体呈上升趋势，所以乡村劳动力资源数在不断增加①。图5-9列示了全市劳动力人口就业基本情况，从图中可以看出，乡村劳动力资源数逐年增多，在乡村振兴的人力供给上提供了比较好的保障。

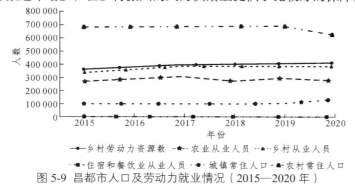

图 5-9 昌都市人口及劳动力就业情况（2015—2020年）

---

① 数据来源于2015—2020年昌都市统计年鉴。

从教育、文化和民生保障方面来看，2015 年至 2020 年，昌都市幼儿园、中小学数量有所增加，教师人数也在上升，仅 2020 年，中小学教师人数增加量就达到了 885 名。昌都市对公共文化设施的投入也在不断增加。公共图书馆个数由 2014 年的 1 个增加到了 2020 年的 12 个，群众性业余演出团体也由 2014 年的 107 个增加到了 2020 年的 663 个。此外，除乡镇文化站、新华书店和农家书屋等文化机构，昌都市还在 2018 年增设了寺庙书屋，有效地解决了当地僧侣读书难、借书难、用书难的问题。2015 年至 2020 年，基层医疗卫生机构数量和从业人员数量也有所上升，主要体现在乡卫生院的增加，综合医院和民族医院数量也在不断增加，较好解决了当地少数民族群众的就医需求，为基层人民群众提供了更有效的医疗保障。全市所有行政村全面实施"一村一室两医"制度，共有乡镇卫生院 138 个，所有建档立卡贫困人口全部完成基本医疗保险登记，大病保险覆盖率 100%。昌都市还持续开展住房安全保障工作，截至 2020 年年底，完成乡村危房改造 1.6 万余户，累计投资近五亿元，农牧区贫困人口危房实现全面清零。昌都市还进一步完善了乡村交通运输网络设施建设。截至 2022 年 3 月，昌都市农村公路通车里程达到 14 842.797 公里。除去整体搬迁的三岩片区和夏里三乡之外，129 个乡镇通达率达到 100%，通畅率为 98%；1 116 个行政村（居）通达率为 100%，通畅率为 77%。全市开通农村客运 46 条，乡镇综合运输服务站 40 个，农村客运停靠站 16 个。截至 2020 年年底，昌都市新建通信基站 2 000 多座，行政村通信覆盖率和乡镇光纤覆盖率达到 100%；实施电力扶贫项目 90 个[①]。

在支持政策方面，昌都市根据《中共中央、国务院关于实现巩固拓展脱贫攻坚成果同乡村振兴有效衔接的意见》，对现有的帮扶政策进行延续，对公益岗位政策进行优化，对教育、医疗、住房、饮水等民生保障普惠性政策进行深化，对产业就业等发展类政策进行了提升。此外，还大胆推行了一些促进乡村振兴的有效措施。表 5-3 汇总了昌都市乡村振兴战略实施的相关措施。

---

① 数据来源于 2015—2020 年昌都市统计年鉴。

表5-3　昌都市乡村振兴战略相关措施汇总

措施	具体内容
建立边坝县蔬菜产业园区	建立蔬菜种植基地,大力建设温室大棚,引导群众转变生产方式,群众实现了从"吃菜难"到"种菜挣钱"的转变
打造芒康县电商新阵地	启动芒康县农村电商,当季松茸大卖的同时,也带动了索多西辣椒酱、盐井葡萄酒等其他农特产品的销量
建立了统一高效的巩固拓展脱贫攻坚成果同乡村振兴有效衔接的工作体制	对所有边缘户进行动态监测,形成县乡村三级动态监测台账;落实23项后续帮扶措施和相关民生政策
"四好农村路"助力乡村振兴	探索国省公路养护水准;实施"路长制";建立首个"互联网+农村公路"信息化路长制智慧交通综合监管平台
传承"非遗"助力乡村振兴	建立非遗项目传习基地,发展唐卡等非遗产业

②乡村振兴产出子系统。从产业方面来看,2020年,昌都市GDP达到252.89亿元,同比增长7.8%。农村居民人均可支配收入由2017年的9 148元增长到2020年的13 041元,增长率达到42.56%。农村居民人均生活消费支出由2017年的6 541.8元增长到2020年的8 492元,居民消费生活水平不断提高。2020年全年实现乡村消费品零售额14.29亿元,增长3.3%。经过多年发展,昌都市各产业产值不断增加,截至2020年,一、二、三产业地区生产总值分别为31.09亿元、114.05亿元、107.75亿元。各类农产品产量、货运量也在不断增加,2020年货运量同比增长速度达到71.9%,但由于受新冠肺炎疫情影响,客运量同比下降68.8%,给当地旅游产业发展带来了极大冲击①。

③乡村振兴环境子系统。在生态治理方面,近年来,昌都市农用化肥施用量不断减少,2018、2019、2020三年分别为9 261.91吨、7 530.24吨、7 486.88吨;农药使用量也从2018年的31.65吨下降到2020年的23.3吨;村级垃圾污水治理建设不断加强,涉及的村数也在不断增加,2020年达到了450个,占比达到39.4%,乡村生态环境得到不断改善。累计创建349个自治区生态村、6

---

① 数据来源于2015—2020年昌都市统计年鉴。

个生态乡镇，大气环境质量优良率100%。

在政策指导方面，为更好实施乡村振兴战略，满足乡村振兴发展需求，昌都市在2020年增设了村委会和居委会等基层组织，深入开展乡村振兴大调研，扎实开展乡村振兴考察学习，大力推进乡村振兴政策学习、技能培训，营造良好的乡村治理环境①。

据昌都市乡村振兴局数据显示，昌都市脱贫人口人均纯收入在2021年超过了1.25万元，同比增加1 700元以上，增长率超过16.5%，脱贫劳动力外出务工数量同比增长3.6%，有效巩固了脱贫攻坚成果，促进了脱贫攻坚成果和乡村振兴战略的有效衔接②。

（2）新型城镇化子系统现状。

①新型城镇化投入子系统。在政策及措施方面，在《西藏自治区新型城镇化规划（2014—2020年）》和西藏特色小镇建设等相关政策的指引下，昌都市着力建设一批文化氛围浓郁的景区，开发一批极具内涵的文创及手工艺产品，培育一批非遗及民俗文化传承能人，加强边疆小镇建设，全面推进新型城镇化。

在人力资本方面，2005年至2020年，城镇人口总体呈现上升趋势，增加率为143.1%，占总人口数量的比重不断增加。随着乡村人口不断向城镇转移，城镇劳动力数量还在不断上升。同时，昌都市固定资产投资额不断增加，2020年达到了211.1亿元。分行业看，大部分生产加工业的固定资产投资额（不含农户）都在增加，但服务类行业，如住宿餐饮业，投资额却在减少，2020年降幅达到了66%，主要还是受新冠肺炎疫情的影响，旅游产业发展受阻，进而特色小镇的发展也受到影响。截至2020年，昌都市各级城镇建成区总面积达到29.4平方公里，城镇规模不断扩大③。

从教育、文化和社会保障方面来看，为进一步提升幼儿园、中小学封闭化

---

① 昌都市人民政府，http://fpb.changdu.gov.cn/cdsfpkfb/c101252/202110/4c8b71d855c 4485faecf82b311e686a8.shtml。

② 昌都市人民政府，http://fpb.changdu.gov.cn/cdsfpkfb/c101253/202201/a802defc82864 cb 098833f7ccd5a1491.shtml。

③ 数据来源于2015—2020年昌都市统计年鉴。

管理水平，昌都市分批分期建立一键式报警、视频监控系统与属地公安机关联网，加强了专职保安建设，按照城市、县镇、乡村的顺序，大力提升了中小学、幼儿园专职保安配备率、"护学岗"设置率。截至 2020 年年末，全市共有市级医疗卫生机构 5 个，县级医疗卫生机构 29 个，民营医院 13 个。医疗机构开放床数增加到 3 031 张，每千人拥有开放床数 3.88 张；卫生专业技术人员数 3 921 人，每千人拥有专业卫生技术人员增加到 5 人，是 2016 年的 1.7 倍。此外，全市构成了"四纵三横三联"公路网，开通各类客运班线 90 条，其中，省际 11 条、市际 8 条、县际 15 条、农村客运 46 条、城市公交 10 条，路网结构不断完善①。

②新型城镇化产出子系统。在文化方面，截至 2020 年年末，全市共有群艺馆 1 个，博物馆 2 个，公共图书馆 1 个，县级文化活动中心 11 个，市县级及以上广播电视转播台 33 座，市级、县级以上中波转播发射台 4 座，市广播电视台 1 座，县广播电视台 10 座。广播、电视人口综合覆盖率分别达到 99.04%和99.26%。

在产业方面，城镇居民人均可支配收入由 2015 年的 22 374 元增加到了2020 年的 36 002 元，比 2005 年增长了 4.8 倍；城镇居民人均生活消费支出在2020 年也增加到了 24 600 元，是 2005 年的 4.87 倍②。全年实现城镇消费品零售额 58.39 亿元，较 2005 年下降 2.4%。全市经营性运输企业（含个体户）有 7 239 家，经营性运输车辆 7 778 辆，危险品运输企业 3 家，有机动车驾驶员培训机构 16 家，机动车维修企业 685 家，从业人员 2.2 万人，基本形成了以昌都为中心，外联云南、四川、青海，内接拉萨、林芝、那曲的交通运输网络 65。

③新型城镇化环境子系统。在生态方面，近年来，昌都市市政基础建设速度加快，快速发展园林绿化事业，修建了一批休闲公园广场，如人民公园、明珠公园、解放广场、茶马广场等。截至 2019 年年底，城市绿化面积达到 330公顷。川藏铁路雅林段开工建设，邦达机场第二跑道建成使用，机场高等级公

---

① 昌都市交通运输局，http://jtj.changdu.gov.cn/cdsjtysj/c100746/202204/735c0d75a0b
84077be2dbae7e8c31014.shtml。

② 数据来源于 2020 年昌都市统计年鉴。

路昌都至加卡段建成通车，乡镇和村居通畅率分别提高到 96.8%、75.2%。川藏联网工程建成投运，昌都与藏中电网成功并网，"三区三州"农网改造升级全面竣工，主电网人口覆盖率从 47% 提高到 94%。4G 网络全覆盖，5G 信号主城区覆盖。

在社会治理方面，昌都市以加快推进公共法律服务体系建设为主线，创新温馨调解的工作模式，建立非诉讼纠纷解决机制和诉前调解机制，从各个方面扎实开展法治宣传活动和法治工作。截至 2020 年年底，全市各级各部门、1 148 个村（居）实现了法律顾问全覆盖，昌都市成功创建第一批全国法治政府建设示范市，排查矛盾纠纷 607 起，调解 605 起，调处率 99.67%，有效化解了隐患积案，人民群众法治意识和法治观念进一步增强、幸福感进一步提升①。

5.3.2 昌都市乡村振兴与新型城镇化耦合发展机制分析

昌都市乡村振兴与新型城镇化协同发展的进程表明，乡村振兴的实现不仅要从乡村入手，还需要发挥城镇的引领带头作用。同时，乡村振兴的发展也可以反过来作用于新型城镇化的推进，有助于提升城镇化的建设质量。图 5-10 概括了昌都市乡村振兴战略实施与新型城镇化建设发展的耦合机制。具体地：

（1）乡村振兴政策为新型城镇化带来产业和经济的发展。从昌都市的人力资本投入来看，乡村振兴中关于教育、住房、医疗保障、交通等政策的出台，必然会带来人力资本投入的增加，也能提升劳动力的技能水平和生活水平，这为农业现代化和乡村的产业发展提供助力、增加乡村经济和产业的活力。同时，农业的现代化还可以助推城镇产业的发展，为城镇产业提供更多原材料和发展动力。如昌都市农技水平的提升和交通设施的大力建设，不仅扩大了农产品产量，还疏通了城乡交通运输脉络，促进了城乡一体化发展。

（2）乡村人力资本的提升为乡村文化、乡村治理带来新变化。人力资本的提升往往伴随着人们教育、文化、物质生活保障水平的提升，这必然会给乡村的居民文化和治理环境带来改变。随着文化程度的普遍提高及对乡村文化和社

---

① 中国政府法制信息网，http://www.moj.gov.cn/pub/sfbgw/qmyfzg/fzgzzffz/202104/t20210412_354193.html.。

会主义新文化的深入学习，文化的社会治理功能能够得到更有效地发挥。昌都市乡村文艺队伍的扩大、乡村文化活动的增加，不仅给乡村居民带来更丰富的精神生活，也提升了民众对乡村治理体系的理解支持和需求。

（3）治理体系的发展为生态保护提供保障。治理体系的建设和文化理念的传播能够在思想层面给生态保护提供支撑，进而推进生态保护政策的深入实施。昌都市通过增设基层组织，深入健全扩大治理体系，推进生态理念的传播和相关保护举措的落实，助推乡村建设更好人居环境和生态环境。

（4）新型城镇化为乡村产业提供技术支持、促进产业结构调整。新型城镇化产业可以给乡村产业输送更多新兴技术、最新产业以及市场信息，帮助乡村产业更快实现规模化、现代化发展。昌都城镇居民可支配收入的增加，必然会提高对消费品的需求，无形倒逼乡村产业结构进行相应调整。昌都市运输企业的发展，构建起了与周边省市的交通运输网络，极大方便了乡村产品的外运，有效推动了乡村产业收入的增加。

（5）乡村和新型城镇化治理体系互相影响。新型城镇化治理体系的建设能够帮助乡村更好地落实各项乡村治理措施，建立健全乡村治理体系，大幅提高乡村治理效能。同时，乡村治理体系的完善也能助推新型城镇化的进一步发展。昌都市的城镇公共法律服务体系建设就帮助乡村实现了法律顾问全覆盖，人民群众的法治意识和法治观念进一步增强，乡村法治化建设深入推进见图5-10。

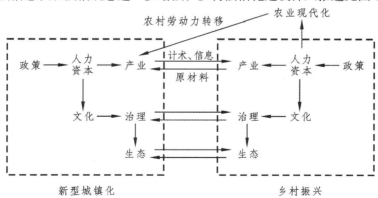

图 5-10　昌都乡村振兴与新型城镇化耦合发展机制

总之，昌都市乡村振兴与新型城镇化在投入、产出、环境三个方面都互相影响、相互促进。投入方面，乡村振兴的政策能够给乡村带来更优的人力资本，促进农业实现现代化。同时，也给城镇提供了具有更高文化水平、技术水平的劳动力，助力新型城镇化产业的发展；新型城镇化能够帮助乡村居民实现就近就业，如特色小镇的建设就有效推动了乡村就地发展特色产业，实现了产业的发展和经济收入的增加，推动了乡村振兴的深入实施。产出方面，乡村文化和城镇文化的相互影响和融合能够推进乡风文明建设，同时也将乡村传统文化带到城镇，推动传统文化的传承和创新；乡村的资源和产业能够提供新型城镇化产业发展所需的土地、原材料，而新型城镇化产业的发展又能进一步吸收乡村产品，并从需求端倒逼乡村产业结构的调整和升级。环境方面，新型城镇化有关生态理念和治理理念的传播能够帮助乡村更好开展生态保护和治理工作；乡村生态环境和治理效能的改善反过来也有助于新型城镇化的推进。因此，乡村振兴和新型城镇化，在政策、人力资本、文化、产业、生态、治理等方面相互影响、相互促进，从而实现了耦合发展。

5.4 山南市乡村振兴与新型城镇化耦合发展案例

山南市是西藏自治区下辖的地级市，位于冈底斯山至念青唐古拉山以南，雅鲁藏布江干流中下游地区，与印度、不丹接壤，有600多公里的边界线，战略位置十分重要，也是西藏古文明的发祥地之一。2016年，国务院同意撤销山南地区和乃东县，设立山南地级市，政府驻地乃东区。随着特色小镇建设的实施，山南市新型城镇化建设加速推进，同时乡村振兴也被带动起来，两者之间实现了良性互动。

5.4.1 山南市乡村振兴与新型城镇化发展现状

一直以来，山南市的产业主要以农业和旅游业为主，农业所创造的经济收入规模有限，产业的带动力度不强，因此，山南市在实现高质量脱贫和巩固脱贫攻坚成果,以及与乡村振兴战略有效衔接方面面临较大挑战。

(1)乡村振兴子系统现状。为建立稳定脱贫长效机制,推动实现高质量脱贫成果与乡村振兴有效衔接,山南市坚持农牧业农牧区优先发展,有序推进农牧区各项改革,取得良好效果。以下分别对山南市乡村振兴投入、产出、环境三个子系统的现状进行讨论。

①乡村振兴投入子系统。在人力资本方面,截至 2019 年年底,山南市总人口 38.3 万人,其中,农牧民人口 29.8 万人,占总人口的 78%,少数民族人口占总人口的 97%。山南市乡村劳动力占比大,主要从事的仍然是农业和畜牧业。2019 年,山南市以建档立卡贫困户劳动力为重点,开展产业对接、项目对接、市场对接,先定岗后培训,实现劳动力转移就业 3.2 万人①。2019 年,落实精准扶贫资金 20.6 亿元,落实边境小康村建设资金 13.33 亿元,落实基础设施建设资金 25.38 亿元。山南市 2020 年乡村振兴补助资金为 41 590 万元,2021 年衔接推进乡村振兴补助资金预算为 12 971 万元、2022 年为 102 265 万元,全市乡村振兴补助资金投入持续增加。

从教育、文化、医疗卫生等社会保障方面来看,山南市开设了包括乡村小学音乐和美术教师培训班等,着力加强乡村教师队伍建设;将 70%以上的新进教师分配到高寒边远地区,实行市县乡三级教师"二下二上"支教交流,不断优化教师队伍结构;建立泽当完全中学,面向高寒地区农牧民子女集中办学。此外,市教体局成立教育扶贫工作领导小组,为建档立卡大学生提供免费教育补助资金。为推动地区民族文化发展,山南市各区县分别开展了多种文化活动,投入大量人力物力来促进民族文化的传承和创新。如乃东区改造乡镇非遗展厅、维修保护历史遗迹;琼结县举办扶贫专项演出、开展"五下乡"活动、及时解决民族寺庙消防安全问题;扎囊县开展下乡播放电影、安排人员对野外文物进行看管等,都对推进文化事业发展、文化传承产生了很好的促进作用。市医保局以重点解决"两不愁三保障"为目标,将全市建档立卡贫困人口全部纳入基本医保、大病保险、医疗救助范围,贫困人口参保率达到 100%。2019—2020

---

① 数据来源于 2020 年山南市统计年鉴。

年，山南市实施农村四类重点对象危房改造 60 户，截至 2020 年 6 月底，60 户全部改造完工①。2019 年，山南市对照全面小康和脱贫攻坚要求，推进"四好"农村路建设，农村公路完成投资 8.25 亿元，全市公路通油路乡（镇）78 个，通畅率达到 95.12%，通油路行政村 429 个，通畅率 78%。山南市政府还联合中国电信山南分公司，实施了系列网络建设工程、开展了一批网络扶贫项目。截至 2019 年年底，建成网络基站 19 座，山南国道 4G 覆盖率达 90% 以上，省道覆盖率 77%，行政村 100% 光带、4G 全覆盖②。

在政策和措施方面，针对脱贫攻坚和乡村振兴，印发了《山南市巩固拓展医疗保障脱贫攻坚成果有效衔接乡村振兴战略的实施方案》《山南市推进县乡村医疗卫生一体化管理工作实施方案》《关于实现巩固拓展脱贫攻坚成果同乡村振兴有效衔接实施方案》等一系列政策文件，确保人民生活水平不断提高、农村社会和谐稳定，开创了"三农"工作新局面。表 5-4 汇总了山南市推动乡村振兴的具体措施。

表 5-4 山南市乡村振兴相关措施汇总

支持政策或项目	具体内容
建立藏药材种植基地	山南市索珠乡采取"公司+科研单位+基地+合作社+农户"的模式；采取"党建+"的乡村振兴模式，以党建引领推动藏药材产业标准化、规范化发展，助力农牧民致富
"十小进农家""3355"工作法等乡村治理模式	扎囊县在全县 62 个村（居）开展"十小进农家"小康文明示范活动，以价廉物美、使用价值高的"十小物品"帮助农牧民摒弃陋习，移风易俗，树立文明新风
高原绿色农业，为乡村振兴助力	引入一批绿色企业落户，建设一批生态产业项目，形成了生态种植、生态旅游多元生态产业扶贫体系，实现了就近就便增收，转变了就业增收观念

---

① 山南市住房和城乡建设局，http://zjj.shannan.gov.cn/zwgk/czjs/202007/t20200709_62718.html。
② 数据来源于 2016—2020 年山南市统计年鉴。

续表

支持政策或项目	具体内容
实行"交邮"融合发展	琼结县按照"多站合一、资源共享"的模式，推进县、乡、村三级物流站场设施和信息系统建设，建成后农村物流网络将覆盖所有县、乡、村。"生活品下乡、农产品进城"的双向运输服务将得以实现
"四好农村路"助力乡村振兴	错那县通过成立专业养护公司推进农村公路养护向市场化迈进，农村公路目前经常性养护率达100%
引进高科技助力山南乡村振兴	组建山南藏鸡产业研究院，依托国内顶尖科研院所的力量，开展"产学研"深度合作，为龙头企业和农牧民群众提供规模化、现代化的鸡苗供应体系，为藏鸡产业高质量发展提供科技支撑
发展茶叶产业，建立合作社	错那县勒门巴民族乡茶叶农牧民专业合作社，走出了一条"基地＋农户＋协会"的茶叶产业发展之路，为村民带来了稳定的收入

②乡村振兴产出子系统。在文化方面，2019年3月，设立山南市文化局，加挂山南市文物局牌子，加强文化数据统计系统建设，开展各项文化文物项目、举办文艺汇演、完善古建筑壁画数字化信息采集工作、开发"雅鲁藏布"非遗服饰系列，并参加中国非物质文化遗产服饰秀等活动，扩大了民族文化的感染力。

在产业方面，2019年，山南市完成地区生产总值187.8亿元，同比增长8.3%，增速位列全区第一；农村居民人均可支配收入14 116元，同比增长13%；实现农林牧渔业总产值13.63亿元，实现增加值7.5亿元，同比增长6.5%。其中，农业产值为6.18亿元，同比增长7.2%；林业产值0.28亿元，同比增长7.6%；牧业产值为6.75亿元，同比增长9.9%[①]。

③乡村振兴环境子系统。在生态方面，为推进绿水青山建设，改善乡村人

---

① 数据来源于2020年山南市统计年鉴。

居环境，山南市各乡村积极开展环境整治工作，包括协调财政资金推进人畜分离示范点工作、重新规划设计村庄、开展村庄清洁行动、配置垃圾分类桶等，创建自治区级生态乡（镇）和生态村，不断优化乡村生态环境。

在社会治理方面，2019 年，山南市各驻村（居）工作队深入学习推广浙江"千村示范、万村整治"工程经验，开展农村人居环境整治三年行动，重点抓好"三清一改""厕所革命""四旁"植树等，引导农牧民群众改变不良生活习惯。加强社会治安综合治理，严格落实人员管理、值班巡逻等制度，打造矛盾风险防控新模式，激发基层治理新动能。

（2）新型城镇化子系统现状。

①新型城镇化投入子系统。在人力资本方面，2021 年年末，山南市全市共有常住人口 35.51 万人，其中，城镇人口 11.33 万人。2020 年全年固定资产投资同比增长 7.2%，位居全区第二名。全年民间投资同比增长 6.2%。5 000 万元及以上完成投资同比增长 1.1%，占总完成投资的 72.1%。实现建筑业增加值 95.57 亿元、增长 20.1%[①]。

从教育、文化、医疗卫生等社会保障方面来看，在教育方面，2020 年，全市共有各类学校 415 所，各级各类学校在职正式教职工 5 543 人。学前教育毛入园率达 91.3%，小学入学率达 100%，初中毛入学率达 102.5%，高中阶段毛入学率达 96.5%。在文化方面，全市共有专业艺术团体 1 个，从业人员 34 人，县（区）艺术团体 13 个，从业人员 312 人，县级综合文化活动中心 12 个，从业人员 124 人。广播电视人口覆盖率达到 99%。在医疗卫生方面，全市共有卫生机构 750 家，相较于 2015 年增加了近 500 家，有卫生技术人员 3 781 人，相较于 2015 年增加了 1 000 余人。全市全年基本养老、基本医疗、失业、工伤、生育保险参保率均达 97%以上[②]。

在政策及措施方面，2020 年以来，山南市坚持以中央城市工作会议精神和习近平总书记关于城市工作的重要论述为指导，按照自治区统一部署，主动融

① 数据来源于 2020 年山南市统计公报。
② 数据来源于 2016—2021 年山南市统计年鉴。

入拉萨山南一体化发展和新型城镇化战略，谋划制定了《山南市中心城区品质提升三年行动计划》、梳理形成《山南市 2021 年主城区"补短板、强弱项"重点建设项目清单》、实施老旧小区和棚户区改造、有序推进城区道路升级改造、规划建设污水处理厂等。紧紧围绕"完善基础、产业立市、统筹城乡、新区引领"工作思路，以推动高质量发展为主题，加快基础设施建设，补齐短板弱项，改善人居环境，优化监管效能，推动城市工作再上新台阶。

②新型城镇化产出子系统。在文化方面，山南市积极将文化发展与旅游发展相结合，节假日期间大力开展文化旅游活动，开发文化旅游产品，参与北京国际文化创意产业博览会，大力做好山南市文化旅游宣传和文化创意产品、手工艺品销售。重建山南文化网，免费开放市图书馆数字阅读平台，采购公共文化数字资源盒。在全市设立 13 个图书流动服务点，方便民众阅读。

在产业方面，2019 年，山南市完成工业总产值 36.68 亿元，实现增加值 18.15 亿元。非公有制经济快速发展，实现税收 29.31 亿元，占全市税收总额的 91.9%。全市实现规模以上工业增加值 16.95 亿元，同比增长 13.8%。城镇居民人均可支配收入 34 650 元，同比增长 10.6%，城镇登记失业率控制在 2.02% 以内。2019 年完成社会消费品零售总额 59.1 亿元，较上一年增长 5.9%[①]。受到新冠肺炎疫情的影响，2020 年全年完成社会消费品零售总额 66.8 亿元，较 2019 年下降 5.1%，位居全区第 5。2020 年山南市限额以上消费品实现零售额 11.6 亿元，下降 6%。分城乡看，城镇市场完成零售额 55.8 亿元，下降 5.5%；乡村实现零售额 11 亿元，下降 2.9%。分类型看，实现商品零售额 62.5 亿元，下降 4.1%；实现餐饮收入 4.3 亿元，下降 17.1%[②]。

③新型城镇化环境子系统。在生态方面，山南市各区县积极推进生态环保措施，包括乃东区的造林绿化和森林抚育项目、落实"河长制"、八项环境专项整治、实施并竣工湿地保护建设项目、建设污水处理厂、加大对环境污染项目的监管力度、严惩环境违法行为等一系列生态保护措施。

---

① 数据来源于 2020 年山南市统计年鉴。
② 数据来源于 2021 年山南市统计公报。

在社会治理方面，制定实施山南市《关于创新社会治理方式、推进城乡社区网格化服务管理工作意见》，坚持以网格为基础，以信息技术为手段，以信息资源开发利用为核心，以信息化软环境为保障，大力推进城镇网格化管理，让城乡治理能力和水平有了新的提升。

5.4.2 山南市乡村振兴与新型城镇化耦合发展机制分析

山南市的产业扶贫和易地搬迁政策有效促进了新型城镇化的发展。同时，新型城镇化的治理体系、生态保护和文化建设也和乡村振兴的相应方面实现了良性互动，相互带来正面影响。图 5-11 展示了山南市乡村振兴战略实施与新型城镇化发展建设的耦合发展机制。具体地：

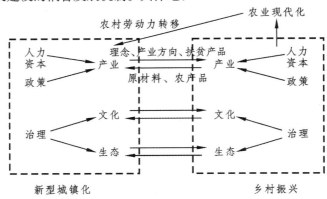

图 5-11 山南乡村振兴与新型城镇化耦合发展关系图

（1）乡村人力资本的投入提升群众文化素质、促进产业发展。人力资本的投入包括在教育、文化、住房、交通、医疗等人民生活方面的保障性投入。一方面它能够给群众提供更好的生活条件，满足他们的物质生活需要；另一方面它可以提升群众的文化素质，提振精神面貌，促进技术水平和生产能力的提升，推动产业发展。山南市劳动人口占比较大，通过易地搬迁等政策，以建档立卡贫困户劳动力为重点，开展产业对接、项目对接、市场对接，采取先定岗后培训方式，对人力资本进行投入，有效增加城镇劳动力，促进了乡村和城镇产业的发展。

（2）新型城镇化产业发展促进乡村产业结构升级。新型城镇化建设可以推动二、三产业数量和质量同步提升，增强城镇吸引就业的能力，促进乡村人口向城镇转移。二、三产业对原材料的需求也会促进乡村产业的发展，尤其是需求的增加和多元化能够促进乡村相应产业对应进行调整升级，进一步激发乡村的经济活力。山南市工业企业及加工业产值的增加直接带来了原材料需求的增加，加之山南市农村人口和农牧业占比大，城镇产业的发展对乡村产业的带动作用就更加明显。

（3）乡村振兴和新型城镇化政策助力治理效能提升。社会治理政策的制定和实施是治理有效的前提和基础。乡村振兴要治理有效就必须有好的治理政策作支撑，新型城镇化要实现有效治理也必须有合适的治理政策。山南市近几年制定社区治理政策时，在学习借鉴其他地区的基础上，还广泛听取群众意见，真正做到科学、民主、依法治理。最终形成的《山南市村（社区）治理促进条例》，在村（社区）实施"三治融合"，即以"自治、法治、德治"相互融合形成新的乡村治理体系，促进了乡村治理能力的提升。

（4）城镇文化和乡村文化互相影响。新型城镇化的发展最直接的就是将当地乡村人民聚集起来开展城镇建设，其中，必然会产生城镇新式文化和乡村传统文化的融合与冲突。但是，山南市乡村文化和城镇文化更多体现的是两种文化的融合发展。山南市少数民族占人口的绝大多数，所以不论是城镇还是乡村，民族文化都是当地的主要文化。随着旅游业的发展，当地文化开始向外传播输出，作为当地旅游业发展基础的自然环境和民族文化得到较为完整的保留。换句话说，当地新型城镇化的建设和发展是以民族文化为基础实现的，其与乡村文化本质上是一致相通的。

（5）乡村生态保护推动城镇生态建设。生态保护既是乡村振兴的内在要求，也是贯彻落实乡村振兴战略的重要抓手。乡村的生态保护主要是对自然生态进行保护和恢复，以保证人类赖以生存的自然资源。城镇生态建设主要是在以人为中心的人工生态系统中，给人类提供更安全、舒适的生活环境，并维持城镇的可持续发展。自然生态系统是其他一切生态系统正常运行的基础，因此，良好的乡村生态环境是维持城镇生态平衡的前提。山南市开展的乡村生态环境整治工作既优化了乡村生活环境，又给新型城镇化和城镇生态环境的建设提供了良好基础（见图 5-11）。

山南市乡村振兴和新型城镇化之间同样也存在相互依存、相互促进作用。从投入方面来看，乡村振兴的人力资本投入和相关政策都对乡村产业的发展产生了积极作用，尤其是在农村人口占大多数、农牧业是农村主要产业的情况下，想要实现乡村振兴，就必须要推动农牧业的更好发展；新型城镇化和易地搬迁的相关政策措施能够更好地促进新型城镇的建设，带来城镇产业的创新和发展。产出方面，文化和产业的相互影响促进了乡村和城镇协调发展。环境方面，治理环境的优化直接带来生态环境保护措施实施效果的提升，生态环境得到改善，生活环境更加良好。

5.5 多案例研究下西藏乡村振兴与新型城镇化耦合机制

西藏自治区乡村振兴战略关于人力资本、政策、产业、文化、生态、治理的六个方面，都能够跟新型城镇化的发展建立联系，相互形成耦合发展，促进城乡融合发展，但不同城市之间的耦合发展也存在差异。从前文对拉萨、林芝、昌都、山南四市的乡村振兴和新型城镇化耦合发展分析可知，乡村振兴和新型城镇化在生态、文化、产业、人力资本方面，可以实现直接的互相影响，促进相互之间的发展，但在治理和政策方面耦合作用还不够明显。

拉萨市作为西藏乡村振兴战略的领头羊，在人力资本、产业投入、社会保障、生态治理各个方面，都能促进乡村振兴和新型城镇化的耦合发展。林芝市通过对产业投入，提供更多就业机会，提高人口城镇化率，从而实现乡村振兴和新型城镇化的耦合发展。昌都市的人力资本投入能够直接影响文化产出，进而提升治理环境和生态环境，从而在治理和生态方面实现乡村振兴和新型城镇化的耦合发展。山南市的治理环境能够直接影响生态保护和文化发展，进而在生态和文化方面实现乡村振兴和新型城镇化的耦合发展。综上所述，西藏各地市根据自身的发展情况，走出了不同特征的乡村振兴和新型城镇化并轨前行的路子，通过系统地梳理西藏乡村振兴和新型城镇化的投入子系统和产出子系统要素的分布状况，可以发现西藏新型城镇化的核心要求、主要模式、发展理念、动力机制可与乡村振兴战略形成具体化的协同领域，集中体现在新型城镇化和乡村振兴战略的耦合功能实现与作用机制构建。图 5-12 概括总结了西藏自治区乡村振兴与新型城镇化协同关系与耦合发展机制。

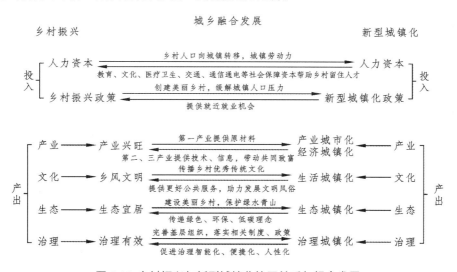

图 5-12 乡村振兴与新型城镇化协同关系与耦合发展

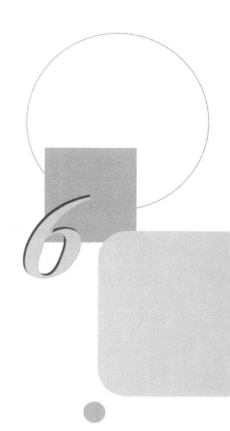

乡村振兴背景下西藏
新型城镇化的创新发展

民族地区乡村振兴子系统和新型城镇化子系统之间存在多重耦合关系，这些耦合关系的存在使得乡村振兴和新型城镇化在推进过程中相互影响、共同促进。前文分析表明，西藏乡村振兴和新型城镇化两个子系统之间的耦合度还有进一步提升的空间，一定程度上反映了西藏在乡村振兴和新型城镇化背景下，城乡社会–经济复杂系统变迁尚处于早期阶段。相对于国内其他地区，西藏农牧业在乡村经济中占有更加突出地位，第一产业剩余劳动力的转移并没有大规模出现。这决定了西藏乡村振兴战略的实施对其新型城镇化建设更加重要。没有乡村振兴，新型城镇化所需要的城市化人口、特色及优势产业等都将失去基础。因而，集中探讨乡村振兴背景下西藏新型城镇化创新发展，对全区实现社会和经济可持续与高质量发展就具有更突出的现实意义。

6.1 乡村振兴背景下西藏新型城镇化新动能

如前文分析指出，西藏新型城镇化的发展落后于东部经济发达省市，其主要原因之一是西藏新型城镇化缺乏足够的内生动力。内生动力可以源自经济领域，也可以源自非经济领域。西藏自治区乡村振兴战略的实施，从多个领域为自治区新型城镇化提供了新动能。

6.1.1 产业发展形成的新动能

实施乡村振兴战略，产业兴旺是重要的支撑。当然，产业兴旺并不仅仅意味着乡村传统产业的振兴，还包括更多新的产业业态的兴起。就西藏自治区而言，以乡村旅游为代表的新产业业态最为典型。乡村旅游产业的兴起，不仅推动了乡村产业的结构性变迁，也为城镇产业的发展开辟了新场景，从产业发展的角度为新型城镇化提供了新动能。

（1）产业规模扩大。城镇的优势在于通过资源的集聚和分工的深化演变出更大的市场，更大的市场则带动新一轮的资源集聚和更深的分工，从而推动各个产业规模的不断扩大。在资源的集聚过程中，人口的迁移对城镇化而言是一个重要的指示器。只有更大的产业规模才能为迁移人口提供更多的就业机会，进而为城镇其他产业特别是第三产业的兴旺发展提供更高水平的市场需求条件。城乡在产业上存在着密切的联系，一般而言，乡村产业为城镇产业提供重要的原料产品。对西藏而言，在传统城乡产业关系中，农牧业主要为城镇提供食品和轻工业原材料，考虑到西藏特有的自然地理条件和交通基础设施，农牧业的产量和质量水平从源头上限制了城乡产业的发展规模和水平。没有乡村振兴战略的实施，西藏农牧业的发展就会不可避免地囿于传统的经营管理范式。在乡村振兴战略实施背景下，农牧业的发展不仅表现为养殖规模的扩大，也表现为农牧业经营管理方式和水平的提升，它从供给端发力，推动了城镇深加工产业或以之为基础的流通服务业的大规模发展，进而推动整个产业市场扩张和市场规模的扩大。伴随着市场规模的扩大，城镇就业机会和岗位相应增多，从而吸引更多的农牧业人口向第二、三产业转移，并形成对城镇生活的各类需求，推动城镇各行业的繁荣兴旺，随之又会吸引更多的产业要素特别是人口向城镇转移集聚。

（2）产业结构变迁。乡村振兴大背景下，乡村产业结构往往率先发生变迁。产业结构变迁主要表现为产业内部产品的升级、产业的融合创新，进而推动产业结构的升级。西藏传统的农牧产品无法满足城镇市场对产品质量或服务的要求，随着乡村振兴战略的实施，一旦社会资本发现产品升级所形成的市场机会，乡村产业由产品升级而带动的产业结构升级就自然形成。同时，随着乡村更多资源向资本实现转化，产业融合创新也会大量出现。以西藏近年来兴起的乡村旅游为例，其所借助的资源早已存在，只有将这些资源与产业资本相结合，才能实现传统农牧业生产生活景象的商业化，并实现农牧区产业的融合创新发展。传统或现代农牧业生产生活方式成为乡村旅游卖点，伴随着大批游客进入乡村观光体验，乡村产业形态的多样化便随之产生。乡村产业结构的变迁会通过多种途径促进城镇产业结构发生相应的变迁。从需求的角度来看，乡村产业结构的升级变迁必然会对城镇第二、三产业形成更高要求的产品或服务需求，从而驱动城镇产业变迁升级。从供给的角度来看，乡村产业结构的升级变迁特别是产品质量的提升为城镇第二、三产业提供了更高质量的原材料，从而为城镇发展附加值更高的农牧加工产品或服务提供了重要物质基础，也为实现城镇第二、三产业的高质量发展创造了有利条件。毫无疑问，当城镇的产业结构升级变迁得到实现，就能为城镇居民提供更多高质量的就业机会，同时也为西藏新型城镇化持续提供自我升级发展的动能。

（3）新兴产业培育。城镇因其市场规模优势和人力资源优势常常领先乡村孕育和培育出新的产业。在百年未有之大变局下，后发国家在新兴产业的发展方面往往具备后发优势，新兴产业一般不再完全发轫并兴起于发达国家，然后扩散到后发国家。一些新兴经济体在新兴产业发展方面，反而因为新兴技术范式的适应性而能实现率先发展。以新一代信息技术为基础的大数据、人工智能产业近年在我国的快速发展便是对此作出的诠释。在城镇产业结构的变迁升级中，新兴产业的出现和发展是其中重要的驱动力，但新兴产业的培育和发展不仅需要政策的大力支持，还需要来自市场需求的持续驱动。西藏的新型城镇化，在新一代信息技术支撑下，完全有可能走出新兴产业在经济相对落后地区创新发展的新路径。不同于其他地区，西藏的乡村振兴面临着更脆弱的生态环境和更复杂的国际环境，乡村振兴中的生态文明建设是全区建设生态文明高地的重要抓手，这客观上要求乡村振兴战略有更加精细化、智能化的管理工具，这为西藏城镇地区培育和发展新兴产业提供了强有力的市场需求驱动。此外，西藏乡村振兴所要求的产业兴旺、治理有效、乡风文明等也同样形成了对新兴产业技术、产品或服务的需求，这些无疑为城镇新兴产业的发展创造了巨大的市场潜力，也为提升西藏自治区城镇的内生发展能力提供了可能。

6.1.2 文化自信形成的新动能

2016 年，习近平总书记在庆祝中国共产党成立 95 周年大会上明确指出："坚持不忘初心、继续前进，就要坚持中国特色社会主义道路自信、理论自信、制度自信、文化自信，坚持党的基本路线不动摇，不断把中国特色社会主义伟大事业推向前进。"文化自信在"四个自信"中有着更基础的地位。习近平总书记还在许多场合多次对文化自信作出重要论述，如，"我们说要坚定中国特色社会主义道路自信、理论自信、制度自信，说到底是要坚定文化自信"（2016年，哲学社会科学工作座谈会上的讲话），"文化自信，是更基础、更广泛、更深厚的自信，是更基本、更深沉、更持久的力量"（2016年，在中国文联十大、中国作协九大开幕式上的讲话），"各族文化交相辉映，中华文化历久弥新，这是今天我们强大文化自信的根源"（2019，全国民族团结进步表彰大会上的讲话），等等。这些重要论述为民族地区坚定文化自信、传承弘扬和创新民族文化指明了方向。民族地区无论是乡村振兴战略的实施，还是新型城镇化的推进，都需要彰显民族文化特色。乡村振兴战略背景下，西藏自治区民族文化的协同保护与开发、城乡文创产业的协同发展，都将为全区的新型城镇化提供新动能。

（1）城乡传统文化的协同保护。西藏民族传统文化资源丰厚，传统村落因其独特的自然风光和独特的边疆风情在全国占有重要地位。乡村振兴战略背景下，民族地区乡村传统文化得到了更好的保护。数据表明①，从2012年开始，区住建厅牵头会同文化、文物、财政等部门，在全区先后开展了5次传统村落调查申报工作，摸清了西藏传统村落的底数。截至2021年，西藏共有35个村落入选中国传统村落名录，有23个村落享受6 900万元的中央财政支持资金。一方面，乡村对传统文化的保护为城镇提供了示范，促使人们在城镇化进程中更加注重对传统文化的保护与传承，而不是传统城镇化中的"拆旧建新"。另一方面，随着乡村振兴战略的实施，城乡融合发展加速，人口的流动以及迁移更加频繁，城乡产业的联系更加紧密，城乡文化交流进一步扩大，城乡文化的协同保护进一步增强。西藏由于城镇化进程还处于相对初级阶段，因而城乡文化的协同保护本身就具备良好的基础。城乡文化的协同保护为塑造新型城镇化的特色文化提供了良好条件，从文化上为以人为本城镇化的实现提供了保障。

（2）城乡传统文化的协同开发。西藏拥有丰富的自然资源和民族文化资源，其独特的民族文化则是吸引国内外游客的核心内容。随着西藏交通、通信、医疗等基础设施和公共服务条件的不断改善，旅游业的发展迎来了难得的历史机遇。更重要的是，随着乡村振兴战略的实施，城乡融合发展的加快，城乡传

---

① 西藏自治区旅游发展厅，http://lyfzt.xizang.gov.cn/zwgk_69/xygl/fwbzh/202012/t2020 1228_185524.html。

统文化资源的协同开发成为可能，城乡"文化+""旅游+"的发展为乡村振兴和新型城镇化提供了重要的产业支撑。传统文化既在乡村旅游中发挥着核心吸引力作用，也在特色小镇旅游中吸引了更多国内外游客。这种协同开发既通过城乡文化的共同点吸引了游客，又通过其不同之处塑造了旅游的差异化特质，实现了统一性和个性化并存，更好地提升城乡文化旅游的协同效益和综合效益。城乡传统文化的协同开发，为新型城镇化的典型代表——特色城镇的可持续发展提供了文化产业支撑，也彰显了新型城镇的文化特色，增强了民族地区城镇居民对传统文化的认同感、自豪感，从而更有利于城乡传统文化的协同保护。

（3）城乡文创产业的协同发展。随着国内居民收入水平的不断提升，消费者对于文化创新产品的市场需求增长迅猛，这极大地激发了国内博物馆、文化馆等文化产业单位开发文化创新产品的热情，其中最具有代表性的是北京故宫博物院的文创产品，一经推出，便深受消费者喜爱。西藏拥有丰富的极具民族区域特色的文化资源，这些资源分布在全区城乡各地。文创产业具有高附加值、难模仿的特征，西藏原生态民族文化为发展具有雪域高原自然特色和传统民族特色的文创产品提供了充足资源。在乡村振兴战略背景下，城乡文创产业通过产品协同、营销协同、品牌协同等，可以谋求更大的市场知名度、美誉度和份额。

通过文化产业化、产业文化化，不断开发利用传统文化资源，特别是高附加值的文创产业，对推动传统文化的保护具有重要作用。在乡村振兴战略背景下，城乡文化通过系列的行动协同，可以实现"1+1>2"的产出效果，同时，也为新型城镇化增添了文化特色、提供了发展新动能。

6.1.3 生态文明建设形成的新动能

2012 年，党的十八大提出"大力推进生态文明建设"，提出"把生态文明建设放在突出地位，融入经济建设、政治建设、文化建设、社会建设各方面和全过程"。党的十九大报告明确指出，"建设生态文明是中华民族永续发展的千年大计"，"我们要建设的现代化是人与自然和谐共生的现代化，既要创造更多物质财富和精神财富以满足人民日益增长的美好生活的需要，也要提供更多优质生态产品以满足人民日益增长的优美生态环境需要"。西藏不断加强国家生态安全屏障的建设，坚持生态优先，着力创建国家生态文明高地，努力让生态文明建设走在全国前列。如今，西藏生态文明建设扎实推进，生态产业蓬勃发展，生态红利人人共享。无论是乡村振兴，还是新型城镇化，都承担着生态文明建设的重要任务，城乡生态文明的协同发展为新型城镇化提供了新动能。

（1）城乡生态产品价值的协同实现。良好的生态本身就能创造经济价值，党的十八大以来，西藏深入践行"两山"理念，坚持"绿水青山是金山银山、冰天雪地也是金山银山"，大力发展生态经济。乡村振兴战略背景下，西藏乡村因其特有的自然风光和人文特色，成为国内重要的乡村生态旅游目的地。城乡融合发展为城乡生态产品价值的协同实现奠定了基础。一方面，乡村生产为城镇发展农牧产品的深加工提供了高品质原材料，增加了城镇加工业的附加值，也实现了农牧产品原材料的生态价值。另一方面，乡村生态旅游的高质量发展必然会产生对城镇第三产业——服务业的高质量诉求，如高端旅游业或乡村旅游中介服务等，这些都为城镇构建服务乡村旅游高质量发展的生产–服务产业链提供了强大的市场驱动力，有利于城乡之间在生态旅游产品和服务上的分工与合作，并为城镇居民提供更多高质量的就业岗位，进而推动城镇产业向绿色低碳方向发展。

（2）城乡生态经济产业要素的流动与升级。乡村振兴战略背景下，西藏丰富的乡村生态资源对国内的生态产业要素产生了较大吸引力。在"坚持农业农村优先发展"的原则下，更多的生态技术、生态资本、生态人力资源等要素流向西藏乡村，与乡村的自然生态和人文生态资源相结合，促进乡村自然生态和人文生态资源向资产、资本转化，进而实现乡村生态产业化；或者赋能升级乡村传统种养业、加工业和服务业，实现乡村传统产业生态化。乡村生态产业化和产业生态化发展必然会进一步带动生态经济产业要素在城乡之间的流动，形成城乡之间的生态要素流通市场。在这一市场上，城乡互为要素市场的需求。以人力资源为例，乡村生态经济的发展需要更多懂得生态经济的专业人才，城镇因其更加完善的教育资源而能够为这些专业人才的培养、培训提供平台，如此推动了城镇教育事业与社会培训服务产业的进一步发展。以城乡生态农业产业链为例，乡村为城镇发展生态农牧产品深加工提供了高品质的原材料，成为乡村农牧产品的需求方；城镇通过商贸服务以及生产资料的生产，为乡村发展现代农牧业提供了装备和市场服务，乡村成为城镇产业的需求方。在城乡生态经济产业要素流动中，需求方不断提出更高水平的标准，进而驱动产业要素的不断升级，最终推动城镇产业的发展与升级。

生态文明建设的提出，从投入端来看，生态环境对经济活动的约束具有刚性的特征，传统的牺牲环境、大量消耗资源的经济发展方式，已经和生态文明建设要求相背离。从产出端来看，符合生态文明建设要求和标准的产品或服务将产生生态溢价。乡村振兴背景下，乡村生态宜居既是群众对美好生活向往与追求的一部分，也是吸引外地游客前来观光体验的必然要求。显然，乡村生态文明建设离不开城镇提供的物质条件和专业知识，这就形成了对城镇生态产品和服务的大量需求，无形中推动更多城镇服务乡村振兴产业的兴起，进而为新型城镇化提供了内生发展动力，西藏新型城镇化对外部力量，特别是政府力量的过度依赖也随之减少。

6.2 乡村振兴背景下西藏新型城镇化发展战略

"战略"一词早先主要用于军事领域，20 世纪 60 年代，战略思想被引入商业领域，随后各种战略管理理论应运而生。换言之，战略管理成为组织管理的一种重要的分析、管理工具与手段。比较常用的战略分析方法有 G-PEST 分析、SWOT 分析、五力模型分析等，对战略本身的认识也不断深化，从早期的竞争战略到近来的竞合战略、共生战略等。在市场营销、人力资源管理等领域，还出现了部门战略的分析与管理，如市场竞争战略、品牌战略、产品战略、战略人力资源等。新型城镇化是一个历史过程，其间往往伴随着城镇的地理空间扩张、人口的迁移、经济增长与经济结构的调整、社会文化变迁等，其所造成的结果往往也具有深刻的历史性。对于西藏而言，其城镇化进程整体处于快速增长阶段的前期，其自然地理和历史人文环境又有其特殊性，如何通过城镇发展战略的合理制定，来规避其他地区城镇化过程中产生的问题，并实现全区新型城镇化的高效发展就显得更为关键。整体上看，西藏新型城镇化发展战略，至少应包括品牌化战略、差异化战略、网络化战略和一体协同战略四个方面。

6.2.1 品牌化战略

现代城市管理包括了城市的品牌形象管理。通过品牌化、品牌塑造、品牌宣传和品牌形象维护等手段，打造城市与众不同的形象与口碑，为城市吸引集聚更多的要素资源创造坚实的基础，如招商引资、吸引人才、形成产业集群等，这与新型城镇化的发展要求高度一致。新型城镇化离不开各类产业要素资源的支持，离不开城镇的公共品牌打造。与其他地区新型城镇化产业结构不同的是，西藏的新型城镇化产业结构受自然地理条件和环境资源条件的约束更多。因而，在确定新型城镇化的产业结构时，现代服务业将成为重要的领域，特别是文化旅游产业。与此相对应的是，西藏新型城镇化中的城镇品牌化战略应围绕文化旅游产业来制定。随着文化旅游产业市场竞争日益加剧，各旅游目的地积极实施品牌化战略，以体现本地文化旅游的特色和优势。对于西藏而言，在推进新型城镇化的进程中，需要从战略上来塑造和发展城镇的公共品牌。

（1）城镇品牌定位。从空间分布来看，西藏当前的城镇大多处于交通地理位置要道，一些城镇有着悠久的历史和深厚的文化底蕴，一些城镇与美丽的大自然风光在千百年来融为一体，这为不同城镇进行品牌定位奠定了良好的基础。新型城镇化强调城镇必须要有特色，特别是文化特色和产业特色，要避免"千城一面"，西藏的新型城镇化无疑在这方面具有得天独厚的优势。品牌定位的要点在于，根据城镇的资源禀赋优势和外部环境来确定与其他城镇品牌属性或形象的差异，以建立城镇在消费者心中一种难以替代的良好印象。对于西藏具体的城镇而言，需要结合城镇有关的历史名人、名寺、名山、名湖、名产等来分析思考城镇的品牌定位，要形成一批具有显著识别度的城镇品牌，而不是当前宣传中常见的几大"特色小镇"这类模糊的目的地形象。另外，考虑到西藏地广人稀的现实以及自然环境资源的硬约束，小型城镇是更符合全区城镇化的选择，它要求城镇化的发展必须实现对乡村发展的带动，同时也离不开乡村各类产业要素资源的支持。因而，在城镇品牌定位方面，还需要考虑城乡融合发展的品牌属性和内涵，而西藏自治区民族传统文化中本身就蕴含了丰富的融合观念，这为深度发掘并定位各城镇的品牌属性和个性化形象创造了良好的基础。

（2）城镇品牌体系。从城镇品牌发展来看，可以构建包括公共品牌和私人品牌在内的多层次城镇品牌体系。所谓公共品牌，是指一个城镇所拥有的、被消费者所接受、城镇各主体都可以免费使用的品牌。公共品牌还可以进行细化、形成体系，如文化旅游产业的公共品牌、农牧产品及其深加工的公共品牌。典型的代表如：城市公共品牌"成都，一座来了就不想离开的城市"；成都市文化旅游产业公共品牌"拜水都江堰，问道青城山"，成都"郫县豆瓣"等。西藏因其特殊的生态环境，城镇产业结构中第二产业的占比增长空间整体有限，故第三产业特别是文化旅游等现代服务产业的高质量发展就显得尤为重要。为此，在西藏城镇的公共品牌体系中，要结合城镇的资源禀赋特色优势，塑造相应的文化旅游产业公共品牌、农牧产品及其深加工公共品牌。同时，还要大力发展城镇的私人品牌。私人品牌数量的多少往往在很大程度上反映了城镇经济的市场化程度，也反映了城镇经济的繁荣程度。一般而言，私人品牌数量越多，产业聚集发展的可能性就越大，区域市场的规模就越大，就越能在更大地理空间范围内形成市场竞争优势。从这一点来看，私人品牌需要紧紧围绕城镇公共品牌，结合各主体自身的特色和优势，一方面，可以实现微观主体的差异化发展；另一方面，通过品牌营销协同，可以获得城镇公共品牌以及其他私人品牌的市场溢出。对于西藏的新型城镇化而言，只有培育和发展更多的私人品牌，才能实现城乡产业的兴旺，提高产业的附加值，为城乡产业融合发展和高质量发展提供品牌支撑。

（3）城镇品牌营销。品牌营销是品牌战略实施的重要内容，一般包括品牌设计、品牌传播、品牌管理等。对于乡村振兴背景下的西藏自治区新型城镇化而言，在明晰城镇品牌定位之后，品牌营销就需要围绕定位，服务于品牌定位的目标受众。首先，需要做好品牌设计。如上文分析所指出，新型城镇化需要构建品牌体系，体系中既有公共品牌，也有私人品牌，公共品牌和私人品牌还可以分为不同层次、不同领域。对于城镇公共品牌而言，考虑到其公共产品特性，可以根据政府需要进行公共服务的购买，也可以鼓励社会力量积极参与，形成城镇公共品牌营销的长效机制。对于一些行业或产业的公共品牌，也可以鼓励和支持行业或协会积极参与公共品牌营销。对于私人品牌，则可以通过财政政策等来进行鼓励和适当支持，以培育和发展更多符合城镇产业高质量发展需要的品牌。其次，品牌传播方面，在传播渠道选择上，既要注重使用传统的媒体传播和现场展示，如电视、展览会、推广会等，也要充分利用好网络宣传媒体，包括网络官媒、商业媒体、自媒体等。在传播内容生产上，则需要根据目标受众的特点，精心设计品牌属性界定下的传播内容，将品牌价值观、品牌利益、品牌个性等准确传播给受众。再次，品牌管理方面，要形成对品牌形象的定期评估制度，必要时需要动态调整品牌定位和形象，以更好地满足受众的特征和诉求；还要建立品牌的应急管理制度，一旦出现紧急情况，则及时进行处理，以防城镇品牌特别是公共品牌的社会形象受损。

6.2.2 差异化战略

迈克尔·波特在其竞争战略理论中指出，企业的基本竞争战略包括低成本战略、差异化战略和集中化战略。尽管这种提法出现在企业领域，但同样也可以用于城市的发展战略分析。新型城镇化强调了城镇的差异化发展，要体现城市的个性特征。如前文分析所指出，在乡村振兴战略背景下，西藏的各城镇既有统一的社会文化形象，也有城镇自身的个性，而后者为各城镇的差异化发展提供了基础。

（1）形象差异化。西藏面积大，全域以辽阔的高原为主，高原表面是低山、丘陵和宽谷盆地的共同组合体，形成了喜马拉雅高山区、藏南山原湖盆谷地区、藏北高原湖盆区和藏东高山峡谷区等特色鲜明的地形地貌。同时，作为世界"第三极"，西藏独特的环境地域单元孕育了独特的生物群落。统计数据表明①，

---

① 中国西藏网，http://ttt.tibet.cn/cn/index/bwsp/202110/t20211019_7079550.html。

西藏已记录的野生植物有 9 600 多种、特有植物 1 075 种，各类珍稀濒危保护野生植物 383 种；野生脊椎动物 1 072 种，国家重点保护的野生动物 219 种。从民族文化的角度来看，西藏是一个以藏族为主体的少数民族自治区，除藏族外，还有门巴族、珞巴族、回族、纳西族等少数民族。自然禀赋和人文资源的多元化为不同区域的城镇形象差异化创造了基础。当然，形象差异化战略要和品牌化战略密切结合起来，才能从根本上实现各城镇的差异化发展。

（2）产业差异化。新型城镇化是以人为本的城镇化，需要实现人民群众在城镇的宜居宜业，这对城镇产业的发展提出了更高的要求。乡村振兴战略的实施为城镇产业结构调整和升级带来了历史机遇。从西藏当前的产业结构来看，高原生物产业、清洁能源产业、文化旅游产业、高新数字产业、边贸物流业具有一定的特色和优势。产业差异化战略要求各城镇立足本地的资源禀赋优势，通过实施"旅游+""文化+""数字+"等，围绕城乡产业融合，实现不同城镇产业的差异化发展。尤其在城乡文化旅游产业发展方面，要围绕前文所述形象差异化、品牌化战略，实现城乡文化旅游产品和服务的差异化，包括文化旅游项目、文化创意产业等的差异化，避免城镇产业同质化及可能产生的恶性竞争。

（3）市场差异化。市场差异化发展是产业差异化、品牌差异化发展的前提和基础，也是产业差异化、品牌差异化不断深化的结果。对于西藏的新型城镇化，要实现城镇品牌差异化和城镇产业差异化，首先需要对市场进行有效细分，并从宏观层面上对其进行合理规划，再次要为各个小镇确定目标市场，最后为各小镇明确差异化的市场定位，从而实现市场的差异化。以文化旅游产业为例，西藏自治区拥有 20 多个在全国范围内具有市场影响力的特色小镇，但还需要对每一个小镇的游客需求进行深入分析，并结合小镇的资源禀赋优势和服务特色，对游客市场进行细分。再次，从全域角度对各个小镇的目标市场进行统筹，明确每一个小镇的目标游客市场，地理邻近各小镇的目标市场尽量减少重合，再通过品牌的差异化定位，从而实现各小镇游客市场的差异化。最后，根据不同的市场，统筹不同小镇的品牌营销，通过市场营销协同，让游客体验感受"步步有景，处处有景"，形成西藏全域旅游可持续发展的良好格局。

6.2.3 网络化战略

城乡发展不平衡是西藏当前最大的不平衡。相比于城镇，乡村的公共基础设施发展更为落后。以交通基础为例，进入 21 世纪以来，随着青藏铁路的通车以及主要城市机场的通航，西藏对外交通也取得了了不起的成就。但是这些公共设施和公共服务还不够完善，形成了对当地经济和社会发展的制约。乡村振兴战略的实施为改善西藏城乡公共基础设施条件带来了新的机遇。从新型城镇化发展战略来看，基础设施及其运营管理的网络化发展是更重要的发展，也是城乡之间、大中小城市之间协同发展的重要物质基础。

（1）交通网络化。公共交通网络化是一个地区社会和经济发展的重要基础和前提，西藏自治区因其复杂的地质地貌以及脆弱的生态环境，交通基础设施发展一直在全国处于落后的水平。经过多年的投资建设，西藏现已基本形成以公路、铁路、航空为主体的交通网络。至 2020 年年底，全区公路通车里程已突破 11.7 万公里，较"十二五"末增长 50%，高等级公路通车里程达 688 公里；青藏铁路、拉日铁路、拉林铁路运营里程达 954 公里，建成通航机场 5 个。从全区目前的经济总量和人均占有量来看，这一数字已经相当可观。但从发展的角度来看，西藏仍需要进一步完善交通网络，特别是与邻近的四川省的交通网络连接，这有利于西藏的经济更好地融入西南地区，并接入东南亚大市场。从内部来看，则需要织密自治区内重要节点城市间的交通网络线路，构建以拉萨为中心，以山南、林芝、昌都、日喀则等为次中心的陆地交通网络（含高等级公路、国道、铁路等），同时在有条件的地区修建支线机场，进而提高全区交通网络安全性和稳定性。只有这样，才能为西藏招商引资创造更有利的交通环境，才能吸引更多游客，扩大文化旅游产业市场规模，并带动其他产业的发展。

（2）信息网络化。随着新一代信息技术对人类生产生活各个环节的不断渗透，信息已成为现代经济体系中的重要生产要素。在我国，党的十八届五中全会首次提出实施国家大数据战略，推进数据资源开放共享。在社会治理等领域，信息也成为重要的资源。目前，我国已成为全球网民最多的国家，但依然面临网络基础设施发展不均衡、缺乏数据资源开放共享长效机制等问题。《中华人民共和国国民经济和社会发展第十四个五年计划和 2035 年远景目标规划纲要》在"建设智慧城市和数字乡村"中明确提出，"完善城市信息模型平台和运行管理服务平台，构建城市数据资源体系，推进城市数据大脑建设"，"加快推进数字乡村建设，构建面向农业农村的综合信息服务体系，建立涉农信息普惠服务机制，推动乡村管理服务数字化"。这些无一不说明信息数字化网络化对未来城乡发展的重要作用。新型城镇化必然需要智慧治理，城乡融合发展也离不开信息的数字化网络化。数字不能实现网络化，便失去了其作为资源的大部分价值。从产业发展角度来看，信息网络化有利于降低产业内的市场交易成本和企业内部管理成本，从而提升产业的产出效率。从城乡社会治理和公共服务而言，信息网络化同样会提升其治理或供给效率。实施新型城镇化的信息网络化，首先需要加大对数字信息等新型基础设施的投入，其次要大力发展数字经济服务业，深度挖掘网络化的信息资源，使之更好地服务于经济发展和社会治理等。

（3）公共服务网络化。新型城镇化是以人为本的城镇化。长期以来，大中城市的公共服务获得的资源远胜于小城市、小城镇，如科技、教育、文化、卫生医疗、信息等公共服务，如果再考虑水资源、能源和环境治理等具有公共性质的产品或服务，这一差距就更为明显。至于城乡之间的公共服务发展差异则更大。实施乡村振兴战略和新型城镇化，其中的一个重要目标就是要缩小这些差距，实现城乡基本公共服务的均等化。具体到西藏来说，全区基本公共服务的均等化首先在于造福当地人民群众，为本地居民提供更高水平的公共服务。从西藏的支柱产业之一——文化旅游产业的发展来看，高质量的公共服务水平也为改善和提升游客的观光体验品质提供了基础保障，还可以通过网络规模效应来提升全区公共服务的质量水平。公共服务的网络化要求在新时代全区能够统筹大中小城市的公共服务基础设施投入和资源投入，统筹城乡公共服务的发展，通过线上线下协同发力，形成立体网络连接。

6.2.4 一体协同战略

《中华人民共和国国民经济和社会发展第十四个五年计划和 2035 年远景

规划目标纲要》在"推进以人为核心的新型城镇化"部分指出，"完善大中城市宜居宜业功能"，"推进以县城为重要载体的城镇化建设"，"重点支持中西部和东北城镇化地区县城建设，合理支持农产品主产区、重点生态功能区县城建设"。这些表述，强调了不同层次的城市有着不同的功能定位，不同层次城市之间存在着相互促进的密切关系。对于西藏而言，由于地广人稀，城市规模整体比较有限，大中城市少，绝大部分是小城镇。在乡村振兴战略背景下，西藏的新型城镇化发展需要考虑一体协同战略，即大中小城镇一体协同战略和城乡一体协同战略。

（1）大中小城镇一体协同。大中小城市的协同发展一直受到政府的高度重视。《国家新型城镇化规划（2014—2020 年）》第十二章"促进各类城市协调发展"提出，"优化城镇规模结构，增强中心城市辐射带动功能，加快发展中小城市，有重点地发展小城镇，促进大中小城市和小城镇协调发展"；关于中小城市，提出"鼓励引导产业项目在资源环境承载力强、发展潜力大的中小城市和县城布局，依托优势资源发展特色产业，夯实产业基础"；关于小城镇，则提出"按照控制数量、提高质量，节约用地、体现特色的要求，推动小城镇发展与疏解大城市中心城区功能相结合、与特色产业发展相结合、与服务'三农'相结合"。同期《西藏自治区新型城镇化规划（2014—2020 年）》中也指出，要构建"一圈两翼三点两线"的城镇化空间格局。这些都充分说明了大中小城市一体协同发展对区域新型城镇化发展的重要作用。实施大中小城市的一体协同发展，首先需要做好全域大中小城市的整体发展规划，明确不同类型城市间的地位和分工，对于西藏，则是确定中心城市、次中心城市、节点城市和末端城镇，并明确各类城市的重点功能、辐射区域和发展分工等。其次需要构建大中小城市间的多途径连接，这种连接既包括物理上的连接，如交通基础设施、网络通信设施等，还包括无形的连接，如产业的关联、文化的连接、市场的连接等，形成大中小城市的能量和信息交换，进而为大中小城市的一体化协同效率发挥提供基础和条件，对于西藏，则是既要继续加大对传统基础设施建设的投资，也需要加强新基础设施建设投资，加快各类城市的产业特别是新兴产业的培育和发展。最后，要充分利用中央政府和发达地区省（区、市）对自治区的援建帮扶政策和机遇，大力发展区内城市与发达地区同一行政级别城市间的友好城市关系，扩大全区大中小城市协同网络规模，更好地发挥全区大中小城市一体协同发展效应。

（2）城乡一体协同。城乡关系是一个国家或地区在工业化进程中所面临的普遍关系之一。在新中国工业化进程中，城乡关系经历了深刻的历史变迁。随着乡村振兴战略的提出和实施，我国城乡关系发展进入新的历史阶段。一些研究认为，乡村振兴是解决乡村发展不平衡不充分这一社会主要矛盾而提出的关键战略，乡村振兴战略的实施有利于进一步推动城乡融合发展并重塑中国的城乡关系，构建新型工农城乡关系的难点主要包括农民增收渠道少、农村土地利用低效、农业农村人才缺乏，构建新型工农城乡关系的要点在于促进城乡要素流动和资源统筹，发挥农业农村的多功能性[61][62][63]。对于西藏而言，不少地区的新型城镇化往往与乡村振兴战略的实施高度关联，从城乡产业发展来看，一方面，乡村振兴战略的实施形成了对城镇产业的巨大市场需求；另一方面，乡村振兴战略的深入实施为城镇集聚产业要素、发展基于高品质农牧产品的深加工业提供了原料。从西藏传统民族文化的传承创新来看，也只有坚持城乡一体协同，才能从空间、时间上更好、更完整地保护传统文化，更深度地挖掘和利用传统文化发展特色产业。从生态文明建设的角度来看，对于西藏特殊的自然地理和民族文化而言，也只有坚持城乡一体化协同，才能实现山水林湖草沙冰的综合有效治理，从而促进生态文明建设高地的建成。从西藏城乡公共产品服务均等化来看，只有高效统筹城乡公共产品供给，才能为城乡居民、本地居民和外来游客提供更好的公共服务。从西藏城乡社会治理来看，也只有坚持城乡协同发展，才能降低社会治理成本，提高社会治理效率。

值得注意的是，乡村振兴战略背景下，西藏自治区新型城镇化的四大发展战略是一个整体，不能孤立分析和分别对待，也是一个城镇化发展战略系统，四大战略相互依存，互为促进。其中，品牌化战略离不开一体协同发展战略，品牌化战略又是差异化战略实施的基础，而网络化战略则为其他三个战略实施提供了底层保障。品牌化战略、差异化战略的成功实施，又将为实施一体化协同战略、网络化战略提供更高层次的平台。

6.3　乡村振兴背景下西藏新型城镇化发展路径

综合上文分析，西藏自治区乡村振兴战略的实施为其新型城镇化提供了新动能。结合全区乡村振兴战略和新型城镇化的进程，以及环境资源要素禀赋的特征，西藏推进新型城镇化可以实施品牌战略、差异化战略、网络化战略和一体协同战略。如前文分析指出，作为社会-经济复杂系统的两个子系统——乡村振兴子系统和新型城镇化子系统之间，存在多个系统耦合点，得益于两个子系统的协同，实现了社会-经济向更高阶段演化发展。运用系统耦合原理，在乡村振兴战略背景下，西藏推进新型城镇化建设有多条发展路径可供选择。

6.3.1　投入子系统耦合下的新型城镇化发展路径

在乡村振兴子系统和新型城镇化子系统的直接耦合方式上，投入子系统的耦合主要表现为，通过土地、资金、知识和技术等的耦合来实现两个子系统向更高层次协同演化。投入子系统的耦合形成了西藏新型城镇化建设的创新路径之一。近些年来，特别是党的十八大以来，中央政府和其他省市持续开展了对西藏自治区的对口帮扶支援，特别是在产业要素的持续高强度投入方面，这为全区乡村振兴和新型城镇化提供了大量的外部资源，也在一定程度上培育和提升了全区新型城镇化的内生能力和动力。然而，在整合城乡产业资源要素投入并实现全区新型城镇化内生发展方面，仍然存在着较大的提升空间。一方面，由于历史上城乡累积发展所形成的不平衡，导致资源要素在城乡间分布的不均衡，这就要求新时代乡村振兴和新型城镇化发展的城乡间匹配投入要素，要适应全区原有资源要素不均衡的历史特点；另一方面，从人类城乡关系历史的发展来看，只有当乡村的生产率持续提升、城镇化和工业化能够为乡村要素转移特别是人力资源转移提供足够空间时，城乡间的协同发展才成为可能，在这一协同发展历程中，城镇的快速发展离不开乡村的支撑，城镇的发展最终能够反哺乡村，我国东部地区的城乡关系发展为这一协同历程作出了较为充分的诠释。但一些地区在发展过程中也出现了城镇发展与乡村凋落并存的现象，并引起了社会各方的高度关注和警惕，也成为国家乡村振兴战略提出的重大现实背景之一。西藏经济发展相对落后，可以通过乡村振兴和新型城镇化投入子系统的耦合来实现城乡协同发展，避免东部地区曾经出现的城乡不均衡发展所带来的负面影响。

从乡村振兴与新型城镇化两个子系统的各自投入领域来看，主要涉及区域产业、公共基础设施和文化教育等。在投入子系统耦合下，由于乡村振兴投入子系统的协同，新型城镇化投入子系统、产出子系统和环境子系统的运行和演化将会发生新的变化，进而形成了新型城镇化的新路径。具体地讲，随着乡村振兴战略的实施，乡村产业、乡村公共基础设施和乡村文化（包括传统文化、生态文化等）投入的增加，客观上从供给和需求两方面形成对新型城镇化建设的推进力量。从供给上来看，全区对乡村产业、公共基础设施和乡村传统民族文化等的发展和振兴，既可以为城镇发展具有鲜明生态特色的加工业提供可靠的原材料，也可以为城镇发展提供更高质量的转移劳动力，同时也为城镇公共产品向乡村延伸创造了条件，摊薄了城镇公共产品、公共基础设施的建设和运行成本，提高了部分公共产品、公共基础设施的使用效率。从需求来看，全区对乡村产业、公共基础设施和乡村传统民族文化等的强力投入，形成了巨大的市场需求，为城镇发展新兴产业、促进产业升级调整提供了内在发展驱动力。因其特殊的自然资源禀赋和极具特色的民族文化资源，西藏自治区乡村振兴中特色农牧业和民族文化旅游业，为城镇发展数字经济、智慧旅游、文化创意等新兴产业提供了市场机遇，也为城镇发展物流、商贸甚至地产等提供了市场支撑。图 6-1 概括显示了投入子系统耦合下的西藏新型城镇化发展路径。

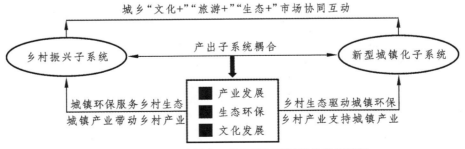

图 6-1 投入子系统耦合下的西藏新型城镇化发展路径

6.3.2 产出子系统耦合下的新型城镇化发展路径

在乡村振兴子系统和新型城镇化子系统的直接耦合方式上，产出子系统的耦合主要表现为，通过产业、生态和文化发展产出耦合来实现两个子系统向更高层次协同演化。近年来，随着西藏易地扶贫搬迁、生态搬迁等的深入实施，部分城乡的空间集聚加快，为乡村振兴和新型城镇化产出子系统的耦合创造了更多有利条件。城乡产业发展互动、生态文明建设互动、城乡文化互动进一步增强，为全区新型城镇化提供了基于产业、生态、文化等产出协同发展新路径。

从西藏城乡产业产出耦合协同来看，一些特色或优势产业的产出存在着明显的耦合协同点。如，乡村旅游和特色城镇旅游产出的耦合协同，一方面，乡村振兴战略的实施为乡村旅游的发展提供了重要的发展机遇，乡村旅游基础设施的日臻完善吸引了大批游客，这些游客的进入为城镇发展特色旅游和延长旅游产业链提供了市场机遇，如推动了城镇文化旅游业、城镇夜晚经济、城镇旅行社业、酒店业、旅游广告业、旅游信息业等的发展。另一方面，城镇旅游业的发展又为乡村旅游的提质增效创造了条件，推动乡村旅游向高质量阶段发展，满足更高收入群体对乡村旅游的需要。这些产业还包括特色农牧业产品及其深加工、传统手工艺品（包括非遗文化产品等）、文化创意、物流商贸等。从西藏生态产出来看，无论是乡村振兴，还是新型城镇化，都面临着"绿水青山就是金山银山"的发展机遇。对于全区而言，乡村振兴战略的实施，既为乡村生态文明建设指明了方向——"生态宜居"，也为乡村打造更高生态安全水平提供了平台，还为乡村实现生态价值转换提供了市场机遇。因而，实施乡村振兴战略，一方面，可以加强对环境的治理与基础设施、设备的保护，统筹城乡发展，降低环保设施设备成本，提高环保设施设备的利用效率；另一方面，通过城乡生态产业产出的耦合，为城镇发展生态产业链创造基础，提高城镇产业的绿色低碳水平。从生态系统的整体性来看，考虑新时代全区城乡空间地理渐趋集聚的特征，也必须加强全区生态文明建设的耦合协同，从系统的角度实现城乡环境治理与环境保护。从全区文化产出的互动来看，西藏城乡传统文化资源十分丰富，在发展"文化+"产业进程中，完全可以通过产出的互动来形成更强的市场竞争力，扩大更多的"文化+"市场份额。乡村振兴战略的实施为全区乡村传统文化的传承与创新发展提供了机遇，如何实现传统文化资源的资本化是乡村"文化+"产业发展的关键。显然，只有通过城乡文化产出协同耦合才能更好地实现这一目标。首先，城乡传统文化的历史本身是一个整体，很难将其人为分开，更重要的是需要讲好二者之间的内在发展逻辑联系。其次，乡村"文化+"产业的发展，需要城镇相对丰富的产业资源要素提供保障。再次，城镇"文化+"产业的发展，需要向历史更悠久、地域更广阔的乡村传统文化资源寻求支撑，才能够行深致远。综上，图 6-2 概括了产出子系统耦合下的西藏新型城镇化发展路径。

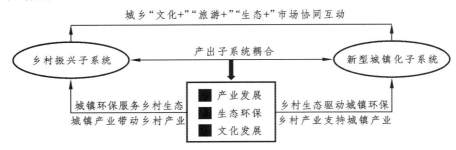

图 6-2　产出子系统耦合下的西藏新型城镇化发展路径

6.3.3 环境子系统耦合下的新型城镇化发展路径

民族地区乡村振兴子系统和新型城镇化子系统间，还存在着基于环境子系统的直接耦合方式。对于西藏而言，包括自然地理环境、社会文化环境、营商环境、政策环境等在内的城乡协同变革和演化，也能够形成新型城镇化的创新发展路径。从城乡自然地理环境来看，其发展重点主要在于城乡公共基础设施建设和公共产品的供给，考虑到西藏自治区地广人稀的特点，城乡的统筹协同相比国内其他人口密度高的地区显得更为重要。乡村公共基础设施的完善为城镇延伸公共基础设施创造了良好的条件，并最终形成全区公共基础设施的网络化，特别是公路、水、电等重要民生工程，以及防污、治污等生态文明建设基础设施。反过来，当新型城镇化的公共基础设施和公共产品供给产生网络效应时，又会进一步降低其建设和运营成本，从而推进公共基础设施和公共产品在更大空间的网络化程度。从社会文化环境来看，全区城乡文化的耦合为新型城镇化的文化发展创造了新的路径。在乡村振兴战略的实施过程中，传统乡村文化不断被挖掘，资源化、资本化程度不断提升。一方面，它可以为城镇文化产业的发展提供需求市场，推动城镇文化产业的繁荣，特别是城镇基于乡村传统、特色文化的文创产业的发展；另一方面，还可以通过全区城乡文化的协同发展，为新型城镇化注入新的文化内涵，通过城乡文化融合创新形成新的文化，进而形成新时代民族地区的城镇特色文化。从营商环境来看，乡村振兴战略的实施为全区城乡营商环境协同改善提供了重要的历史机遇。在传统城乡二元关系之下，经济的发展与项目的投资主要集中于城市，乡村基本没有营商环境的概念。乡村振兴战略背景下，社会资本"下乡"开展乡村建设行动，这必然会带来乡村的营商环境改善问题。营商环境，一般是指政府有关部门的治理行为和效率。当其与乡村相结合时，营商环境的优化还包含乡村传统民间的自治行为及效率，特别是民族自治区的传统治理。因此，只有充分发挥城乡正式治理和非正式治理的协同作用，即城乡营商环境的协同优化，才能更好地促进城镇营商环境的优化，从而为城乡协同发展集聚更多的产业资源要素，吸引更多的产业项目投资，形成"产城融合""城乡融合"发展的良好局面。从政策环境来看，也只有充分整合全区乡村振兴和新型城镇化的相关政策，才能更好地实现乡村和城镇的不同社会功能，推进城乡产业的协同发展，为全区人民群众的满意感、安全感和幸福感提供政策上的基本保障。图 6-3 展示了基于环境子系统耦合驱动下的西藏新型城镇化发展路径。

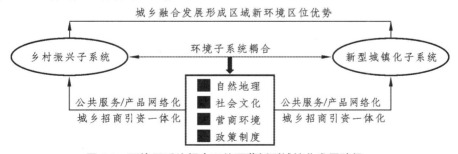

图 6-3　环境子系统耦合下的西藏新型城镇化发展路径

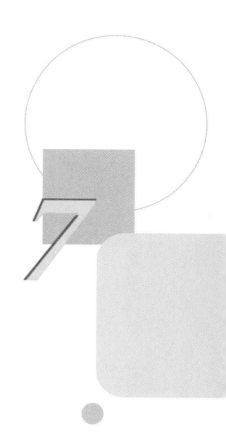

乡村振兴背景下西藏新型城镇化建设发展支持政策

西藏作为我国边疆少数民族地区，具有土地辽阔、地广人稀、生态环境脆弱等特点。因此，其新型城镇化的建设发展与国内其他省份存在着显著的差异，其乡村振兴战略的实施也大抵如此。如前文分析，民族地区乡村振兴战略子系统和新型城镇化子系统的耦合能够更好地促进乡村振兴和新型城镇化建设向系统的更高层级协同演化。然而，对新型城镇化建设发展处于初期阶段的西藏而言，要更好地实现两个子系统的耦合，则需要系列的支持政策。基于此，本文在乡村振兴战略背景下，从乡村振兴子系统与新型城镇化子系统的耦合出发，分别从政策目标、政策原则、政策重点三个方面，探讨提出新时代西藏新型城镇化建设发展的支持政策。

7.1 政策目标

新型城镇化是以城乡统筹、城乡一体、产城互动 、节约集约、生态宜居、和谐发展为基本特征的城镇化，是大中小城市、小城镇、新型农村社区协调发展、互促共进的城镇化，

它要求以人为本，要为实现人的全面发展提供基础保障和创造环境条件。西藏的新型城镇化建设应结合其特有的自然地理和社会文化环境特点，以及其新型城镇化所处的阶段，结合乡村振兴建设的目标要求推进。就其政策目标而言，一般应包括产业发展、生态安全、共同富裕、边疆稳定四个方面的内容。

7.1.1 产业发展

党的十九届五中全会提出，要培育新技术、新产品、新业态、新模式（以下简称"四新经济"），提出要加快发展现代产业体系，推动经济体系优化升级，推进以人为核心的新型城镇化。因此，新型城镇化建设必须以产业发展为基础，强化产业结构升级和新型城镇化建设联动发展。如前文分析，相比国内城镇化领先地区，西藏的城镇化内生能力严重不足，高度依赖外部力量特别是国家的政策支持。城镇化内生动力不足的根本原因在于西藏城镇产业的内生发展动力和资本累积能力的不足。一方面，城镇产业结构整体比较单一，多以商

贸、传统手工艺品、传统旅游业等为主，传统产业亟需升级，特别是以信息技术等为代表的新兴技术的发展还比较滞后；另一方面，从城乡协同发展的角度来看，城镇产业链亟待培育，无论是传统产业还是新兴产业都面临产业链不全的困境，都无法为产业发展提供有效支撑。因此，全区新型城镇化政策的产业发展目标至少应包括以下两个方面的内容：

（1）促进传统产业向新兴产业转型升级。国内东部发达地区的产业发展实践表明，通过新兴技术的赋能，既能实现区域新兴产业的培育与发展，又能实现传统产业的升级换代，进而推进区域产业结构调整和产业的高质量发展。对于西藏新型城镇化建设发展而言，需要深入分析、整理和挖掘每一个城镇已有的产业发展基础和资源要素条件，准确研判并确定不同城镇的特色优势产业（或潜在的特色优势产业），形成不同城镇的产业发展清单。在此基础上，充分运用好国家的对口支援政策，特别是产业项目的对口支援，做好本地特色优势产业与外省（区、市）对口新兴产业项目的对接洽谈，紧紧围绕新兴技术赋能本地特色优势产业，进而实现新兴产业培育与传统产业升级协同发展。因此，其相应政策不能仅着眼于单纯的产业项目的引进，更要注重产业项目的引进和实施必须有利于新兴产业的培育和传统产业的升级，进而为城镇化提供更多的高质量就业岗位。

（2）有效构建乡村与城镇的产业联动。与国内经济发达地区不同的是，西藏城镇化发展与乡村发展间的差距相对较小，这为全区乡村振兴战略实施和新型城镇化建设的协同推进提供了可能。从产业发展的角度看，乡村振兴要求"产业兴旺"，新型城镇化需要"产城融合"，如前文所述，全区可以通过产业的投入子系统和产出子系统的耦合，来实现城镇产业的高质量发展。这就要求在制定新型城镇化的产业支持政策时，也要统筹考虑乡村振兴战略的产业政策需求，将城乡产业发展纳入更大产业生态体系之中，构建覆盖城乡的区域产业体系。一方面，西藏特定的自然地理和社会人文环境决定了区域产业的发展只能走集约化、特色化的道路，只有大力推进城乡产业协同发展，实现城乡产业联动发展，健全完整产业链，才能建立起具有内生发展能力的产业体系。另一方面，结合西藏的特色文化资源禀赋，应重点围绕乡村旅游产业、特色农牧产业等，构建城镇产业链、创新链，特别是旅游信息、旅游市场营销、旅游文创产品、商务旅游、会展旅游等能支撑乡村旅游高质量发展、与乡村旅游协同互补发展的高端旅游服务产业。

7.1.2 生态安全

无论是乡村振兴战略实施，还是新型城镇化建设发展，都对生态文明建设提出了明确的要求。生态环境保护事关中华民族千年大计，是民族可持续发展的根本保障，也是中国负责任大国形象的重要体现，良好的生态环境也是新时代人民群众对美好生活向往与追求的重要组成。从地理位置来看，西藏作为西南边陲的重要省份，在全球环境气候变化和保护全球环境中地位极其重要；青藏高原是我国众多大江大河的发源地，对保障国内水资源和水安全有着不可替代的作用；青藏高原作为高原生态脆弱区，生物多样性、独特性突出，是多个物种的重要生活栖息地，其生态环境保护对全球生态系统的可持续发展具有重要的战略价值。因此，在西藏乡村振兴战略实施和新型城镇化建设发展进程中，保护生态安全是其建设的基础条件。其具体目标要求包括：

（1）严守生态保护红线。中共中央办公厅、国务院办公厅《关于划定并严守生态保护红线的若干意见》明确提出，生态保护红线，是指在生态空间范围内具有特殊重要生态功能、必须强制性严格保护的区域，是保障和维护国家生态安全的底线和生命线，通常包括具有重要水源涵养、生物多样性维护、水土保持、防风固沙、海岸生态稳定等功能的生态功能重要区域，以及水土流失、土地沙化、石漠化、盐渍化等生态环境敏感脆弱区域。对西藏自治区而言，由于特定的自然地理生态环境，符合生态保护定义的区域远多于国内其他省（区、市），这对全区在新型城镇化进程中严守生态保护红线提出了更高、更多、更严的要求。从政策角度来看，一方面，在新型城镇化发展的各个领域和环节，特别是城镇发展规划、国土空间规划、产业发展规划、招商引资、项目落地建设等都应符合全区生态红线要求；另一方面，应充分考虑到人类活动对生态环境的影响，作为享誉全球的旅游目的地，西藏需要面向全区人民群众和外来游客，加强宣传教育，提高他们的环保意识，共同保护好全区城乡生态环境。

（2）维持生物多样性。我国是世界上生物多样性最为丰富的国家之一，也是最早加入《生物多样性公约》的国家之一。青藏高原拥有独特的自然地理条件，孕育了独特的生物群落，分布着许多特有的珍稀野生动植物。早在 2010 年，《中国生物多样性保护战略与行动计划（2011—2030 年）》就已经将青藏高原高寒区列为内陆陆地和水域生物多样性保护优先区域之一，并指出其重点是"加强对典型高原生态系统、江河源头和高原湖泊等高原湿地生态系统的保护，加强对藏羚羊、野牦牛、普氏原羚、马麝、喜马拉雅麝、黑颈鹤、青海湖裸鲤、冬虫夏草等特有珍稀物种种群及其栖息地的保护"。作为青藏高原的核心区域，西藏自治区在维护青藏高原高寒区生物多样性方面作出了突出的贡献，取得了显著的成绩。2019 年，国务院发表的《伟大的跨越：西藏民主改革60 年》白皮书数据显示：西藏全区森林面积 1 602.42 万公顷（包括有林地、灌木林地、其他林地），天然草原综合植被盖度达 45.9%，天然草原面积 8 893.33 万公顷，湿地 652.9 万公顷；全区有 141 种国家和自治区重点保护野生动物、38 种国家重点保护野生植物、196 种西藏特有动物物种、855 种西藏特有植物物种、22 种西藏特有鸟类物种①。尽管如此，考虑到高原生态环境的脆弱性，在西藏自治区新型城镇化进程中，仍应充分强调对生物多样性的保护，新型城镇的建设发展不能影响生物的传统栖息地，深入挖掘高原地区传统文化中人与自然关系和谐共生的理念，将城镇建设成为新时代人与自然、人与人、人与其他物种融洽相处的空间典范，这一目标的实现无疑需要相应政策来指导、规范和支持。

（3）生态环境系统性保护。保障生态安全必须坚持环境系统治理，这是由生态环境自身的系统性所决定的。习近平总书记在党的十八届三中全会上指出："我们要认识到，山水林田湖是一个生命共同体，人的命脉在田，田的命脉在水，水的命脉在山，山的命脉在土，土的命脉在树。"《中华人民共和国国民经济和社会发展第十四个五年规划和2035 年远景目标纲要》提出，要"坚

---

① 《白皮书：西藏生物多样性持续恢复 全区藏羚羊目前 20 万余只》，https:// baijiahao. baidu.com/s?id=1629152488921693843&wfr=spider&for=pc。

持山水林田湖草系统治理，着力提高生态系统自我修复能力和稳定性，守住自然生态安全边界，促进自然生态系统质量整体改善"。这些为西藏生态环境保护工作提供了重要理念和方法指导。作为青藏高原的主体部分，西藏自治区生态环境系统有其独特性和系统性。全区地势差异大，地貌类型复杂，气候水平与垂直分异显著，其生态系统拥有山地生态系统、湖盆生态系统、河谷生态系统等多种类型。其中，山地生态系统又可分为高山寒漠生态系统、低山丘陵生态系统；湖盆生态系统又可分为荒漠生态系统、湿地生态系统；河谷生态系统又可分为平原生态系统、高山峡谷生态系统等。乡村振兴背景下推进西藏自治区新型城镇化建设，在相关配套政策制定方面，无论是从城镇自身的经济、社会等人类活动规范来看，还是从生态系统中人与自然关系的调整来看，都需要坚持系统治理理念和方法，将全区的山水林田湖草沙冰视作一个整体，将城乡生态保护纳入同一个体系，才能更好地保障全区生态安全，将西藏自治区建成为全国生态文明建设高地。

7.1.3 共同富裕

改革开放以后，邓小平同志明确指出："社会主义的本质，是解放生产力，发展生产力，消灭剥削，消除两极分化，最终达到共同富裕。"党的十八大以来，习近平同志对共同富裕作出了系统的论述，"共同富裕是中国特色社会主义的本质要求，我国现代化坚持以人民为中心的发展思想，自觉主动解决地区差距、城乡差距、收入分配差距，促进社会公平正义，逐步实现全体人民共同富裕，坚决防止两极分化。"（2020年10月29日，在党的十九届五中全会第二次全体会议上的讲话）"在全面建设社会主义现代化国家新征程中，我们必须把促进全体人民共同富裕摆在更加重要的位置，脚踏实地、久久为功，向着这个目标更加积极有为地进行努力。"（2021年2月25日，在全国脱贫攻坚总结表彰大会上的讲话）在乡村振兴背景下推进西藏新型城镇化的建设和发展，政策的制定和实施应有利于共同富裕目标的实现。

（1）城镇经济高质量发展。对于经济发展相对落后的地区而言，物质富裕是共同富裕的基础要求，而物质上的富裕离不开区域经济的高质量发展。近年来，在中央政府和各省（市区）的对口支援帮扶下，西藏自治区乡村建设和城镇化建设取得了显著的成绩。然而，对于不少地区的城镇而言，经济的内生发展能力和产业要素的自我累积能力仍然没有真正形成，城镇经济可持续发展能力还有待提高，其根本原因在于不少城镇的发展仍然主要依赖于外部的投资力量，区域经济"造血"功能尚不健全。如前文所述，乡村振兴战略的实施从供给侧和需求侧创造了条件和机遇，有利于西藏自治区新型城镇化进程中产业的高质量发展。因此，在制定全区新型城镇化建设发展的相关经济政策时，需要立足于各城镇以及辐射范围内的乡村的特色优势资源，坚持城乡产业融合发展理念，围绕乡村振兴和新型城镇化建设布局区域的产业链、创新链，构建基于城乡融合发展的城镇特色产业体系，形成城镇经济内生发展模式，逐步摆脱对外来投资力量的依赖，最终实现城镇经济的高质量发展。

（2）城镇精神生活富裕。共同富裕不仅包括物质生活的共同富裕，还包括精神生活的共同富裕。正如习近平总书记 2013 年 8 月 19 日在全国宣传思想工作会议上所指出的，"只有物质文明建设和精神文明建设都搞好，国家物质力量和精神力量都增强，全国各族人民物质生活和精神生活都改善，中国特色社会主义事业才能顺利向前推进"。对于西藏自治区新型城镇化而言，精神生活的共同富裕可以从三个方面来理解，一是从历史来看，作为传统少数民族聚居区，需要系统整理、深入挖掘、准确阐释优秀传统民族文化的精神价值，通过文化"寻根"增强文化自信，提高人民群众对优秀传统文化传承和弘扬的自觉性。二是从现实来看，要将社会主义核心价值观融入新时代全区民族文化的创新发展中，才能进一步巩固民族团结，促进各民族共同进步，进一步构筑中华民族共有精神家园，为实现中华民族伟大复兴的中国梦作出应有贡献。三是从精神生活富裕的实践来看，则需要在科学艺术、文化旅游、教育体育等领域，为城镇居民提供高品质的精神文化产品，促进城镇居民全面发展，为全区新型城镇化发展建设积累所需人力资本。

（3）城乡居民共同富裕。长期以来，城乡二元体制导致了城乡发展差距的不断扩大，对城镇的优先发展政策取向致使乡村地区发展更为落后，这也是近年来我国乡村振兴战略提出的重要历史背景之一。就西藏自治区而言，除传统意义上的城乡发展差距外，随着生态搬迁、易地搬迁的深入，由乡村进入城镇的居民与城镇原有居民之间也存在着一定的发展差距。毫无疑问，这些差距需要纳入城乡居民共同富裕的框架下去缩小。考虑到西藏自治区地广人稀、城镇化发展处于早期阶段等特征，在制定新型城镇化发展政策时，充分发挥县域作为联结乡村和城镇的纽带重要作用，统筹推进城乡居民共同富裕具有更加突出的时代价值和现实意义。一方面，需要构建新型工农城乡关系，通过城乡发展协同（包括对口支援的力量协同），构建城乡融合的产业体系，将城乡视为一个整体，加强对城镇移民的教育和培育，提升其创业就业能力，更好为全区城乡居民的生活提供生产供应保障；另一方面，还需要统筹城乡公共事业发展，特别要加强科学艺术、教育体育、文化卫生等领域的统筹，为全区城乡居民的精神生活提供更好的产品和服务保障。

7.1.4 边疆稳定

西藏自治区与印度、尼泊尔、不丹等国家接壤，是我国面向南亚地区开展国际贸易的重要通道，战略地位极其重要。然而，由于历史因素和自然条件等的影响，西藏边境地区社会经济发展整体比较落后，交通、通信、教育等基础设施和公共服务发展不平衡不充分，城镇化建设尚处于起步阶段。2013年3月，习近平同志在参加十二届全国人大一次会议西藏代表团审议时指出："西藏是我国重要的国家安全屏障和生态安全屏障，在党和国家战略全局中居于重要地位。治国必治边，治边先稳藏。"2020年，在中央第七次西藏工作座谈会上，习近平同志强调："必须坚持治国必治边、治边先稳藏的战略思想"。这些重要论述无不体现了西藏自治区在国家边疆稳定中的重要战略地位。《中华人民共和国国民经济和社会发展第十四个五年规划和2035年远景目标纲要》在"支持特殊类型地区发展"部分中提出，要"推进兴边富民、稳边固边，大力改善边境地区生产生活条件，完善沿边城镇体系，支持边境口岸建设"。城镇作为边疆治理的基本战略单元，是边疆实现稳定发展的重要地理空间节点，西藏自治区新型城镇化建设发展的相关支持政策，应充分考虑部分城镇的守边稳边功能。

（1）边疆城镇经济繁荣。西藏自治区作为中国同南亚各国发展双边贸易的重要前沿、重要通道，其国际经济合作领域众多，合作前景广阔，这为西藏发展外贸型特色边境城镇创造了良好的外部条件。为此，在新型城镇化建设发展的配套政策上，需要对这一类型边境城镇的产业发展给予特别的倾斜。以现有吉隆、樟木、亚东、普兰等口岸城镇为中心，大力发展外向型产业经济，重点发展口岸贸易经济，依托西藏自治区腹地第一、二产业的生产制造优势，培育和壮大边境城镇商贸物流、国际金融、国际市场信息等新兴服务业，促进传统边境旅游服务业提质增效。在条件成熟的情况下，还可以进一步深化中印、中尼等国际经济合作区的合作。

（2）边疆城镇社会稳定。城镇社会治理是新型城镇化的重要内容，其中智能化、低碳化是治理的主要发展趋势。边境城镇的社会治理有其独特性，相比于内地城镇，它面临着更为复杂的治理环境。一方面，作为边境城镇，它是国家形象展示的窗口，其治理现状体现了国家现代治理能力和水平，影响着国际舆论；另一方面，作为边境前沿的重要节点，边境城镇反分裂、反领土蚕食斗争形势复杂，从这一点来看，必须大力发展交通、信息等基础设施，持续提升边境城镇应急管理能力，全力保障边境城镇社会稳定。

（3）边疆城乡融合发展。推进边境新型城镇化发展建设，仍然需要统筹城乡发展。近年来，西藏自治区在实施乡村振兴战略进程中，通过生态搬迁、易地搬迁等，建成了一批边境村。这些边境村在基础设施、产业经济、社会治理、公共事业等方面已初步形成了一定的基础和规模，为边境城乡融合发展创造了条件。只有促进边境城乡融合发展，加强边境地区城乡经济、基础设施、社会治理等的互联互通，才能促进边境城镇的经济繁荣与社会稳定，从而更好地发挥边境城镇的综合功能。这就要求全区在制定新型城镇化的相关政策时，要充分考虑边境城乡在守边稳边工作中存在的协同效应，着力推动边境城乡在产业发展、基础设施、公共服务、社会治理等方面的一体化发展，为维护边疆稳定提供坚强的物质基础。

7.2 政策制定原则

西藏的新型城镇化有其独特的场景和特定的条件，如经济发展相对落后、城镇化发展的内生能力不强、生态环境相对脆弱、市场规模较小等。因此，相比其他地区的新型城镇化政策，西藏城镇化发展需结合西藏实际情况，体现特殊性，提高实效性。

7.2.1 适当倾斜原则

从全球发展中国家的经济增长来看，非均衡增长是一种比较普遍的方式，其优点在于能够集中有限资源优先发展一些重点产业或区域，形成区域产业增长极，随着产业溢出效应的累积，区域经济逐步由非均衡发展走向均衡发展。改革开放以来，中国区域经济的发展也整体遵循了这一历程。西藏作为国内经济发展和新型城镇化的后发区域，面积辽阔，各地情况千差万别，新型城镇化的发展条件和基础也存在较大差异，因而在制定新型城镇化发展政策时，也应遵循非均衡发展原则，针对不同地区、不同领域予以适当倾斜。具体表现为：

（1）重点支持全区网络节点的城镇发展。如前文所述，从历史发展来看，西藏自治区拥有一批国家历史文化名城（镇），如拉萨市、日喀则市江孜县等，这些城市在新时代需要通过升级改造来实现智能化、低碳化发展，并更好地发挥区域经济、社会发展的重要功能。从现实来看，在西藏自治区新型城镇化"一圈两翼三点两线"空间格局中，要突出强化拉萨、日喀则、林芝、昌都等中心城市的辐射作用，更好地发挥那曲县那曲镇、噶尔县狮泉河镇的区域中心作用。此外，从西藏自治区支柱产业之一——文化旅游产业的可持续发展来看，还需要重点支持以羊八井镇、吉隆镇、杰德秀镇等为代表的全国特色小镇的建设发展。

（2）重点支持城镇民生工程项目。党的十九大报告提出，要坚持在发展中保障和改善民生，在幼有所育、学有所教、劳有所得、病有所医、老有所养、住有所居、弱有所扶上不断取得新进展，保证全体人民在共建共享发展中有更多获得感，要"永远与人民同呼吸、共命运、心连心，永远把人民对美好生活的向往作为奋斗目标"。具体到西藏自治区的新型城镇化建设，则需要重点支持民生工程项目的落地实施，特别是文化艺术、教育体育、医疗卫生、生态环保等公共事业和公共服务领域的项目。考虑到西藏自治区经济内生发展能力的不足，还应将能够提供大量就业岗位的产业项目纳入民生工程项目。

（3）重点支持边境城乡融合发展。如前文分析，西藏拥有比较长的陆地边境线，边境城镇在固边守边中承担着重要的国家战略任务。但由于历史和自然地理等方面的原因，边境城镇在基础设施、产业规模、人口数量、应急管理等方面基础普遍比较薄弱。同时，由于自然地理环境等的限制，边境地区的乡村发展也整体相对落后。因此，从国家战略需求的角度出发，在推进西藏自治区新型城镇化的进程中，应重点支持边境城乡融合发展，加强基础设施、公共服务等的建设，构建以边境城镇为中心、边境村为节点的小网络，强化"守边""稳边"能力。

7.2.2 可持续原则

一般而言，可持续的内涵包括了经济可持续、社会可持续和环境可持续等。从经济上讲，一些政策往往意味着要素资源投入的支持，特别是资金、人力等要素的投入，如果投入产出效益差，则很难形成政策的可持续。从社会来讲，一些政策往往涉及社会关系的调整或社会规范的变迁，同样存在着调整或变迁社会成本，也存在着可持续问题。从环境上讲，在生态文明建设背景下，政策的制定和实施同样需要考虑环境效益。

（1）继续争取中央和其他省（区、市）对口帮扶政策支持。作为经济发展相对落后的地区，加之先天自然地理环境的制约，以及本地市场规模的有限性，西藏自治区经济内生发展能力非常有限，一段时间内还需要充分发挥社会主义制度的优势，通过外部力量的帮扶来增强经济内生发展能力，完成区域经济从"外部输血"到"自我造血"的转变。考虑到西藏自治区面积辽阔、地广人稀、生态环境脆弱等特征，经济发展内生能力的形成过程必然相对漫长，在政策方面，无疑仍然需要中央和其他省（区、市）对口帮扶政策支持。

（2）强化帮扶政策的评估与改进。党的十八大以来，国家加大了对西藏自治区的发展建设投入，特别是来自各省（市、区）的对口帮扶支援，极大地促进了全区乡村振兴战略实施和新型城镇化建设发展。全区城乡交通、通信等基础设施得到了很大的改善，文化教育、医疗卫生等公共事业、公共服务供给质量和水平大幅提高，一批重点产业项目落地实施并产生良好的经济效益、社会效益和环境效益。随着对口援藏工作的不断深入，一些涉及经济内生发展能力等的深层次问题成为帮扶政策需要关注的重点。因此，在新时代需要对已有帮扶政策的效果进行系统评估，有针对性地改进帮扶政策，进而保证帮扶政策效果的可持续性，避免帮扶政策的边际效应持续下降。

此外，所有推进新型城镇化建设的政策都必须体现以人为本的核心要求，要能为实现人的全面发展创造条件和机遇，要能让城乡居民"看得见山、望得见水、记得住乡愁"，保证社会发展可持续和生态环境可持续。

7.2.3 精细化原则

党的十八大以来，西藏自治区乡村振兴和新型城镇化建设都取得了显著成果。同时，随着全区乡村建设和新型城镇化建设向高质量发展的演变，一些深层次的问题和矛盾也日益凸显，这就要求政策的制定和实施要更加精准、更具针对性，即制定的政策要体现精细化原则。

（1）精准定策。如前文分析，西藏自治区面积辽阔、地形地貌类型多样、生物多样性充分，这些特点决定了区内新型城镇化发展不可能存在着普遍适用的支持政策。在新型城镇化的早期阶段，共性的问题表现得更为突出，如交通、通信、文化教育、医疗卫生等基础设施和公共事业、公共服务短板。共性问题得到解决后，剩下的就是不同地区城镇内生发展能力等个性化问题。如，不同城镇的产业体系构建、传统产业的升级、生态环境的保护、特色优势资源的开发等。显然，个性化问题的有效解决离不开个性化的支持政策。这就需要持续提升各级政府政策创新能力，既要做好政策的顶层框架设计，也要鼓励地方各级政府结合本地城镇特定的基础和条件，积极制定相应的针对性政策。

（2）精准施策。制定好的政策只是政策发挥作用的必要条件，政策能否发挥作用还要看能否高效地实施。政策通过正向或负向激励影响或改变社会微观主体的动机或行为，从而实现政策的预期目标。然而，社会微观主体的类型多样，不同类型的主体动机或行为复杂，这就要求政策执行者必须按照不同类型的微观主体精准施策，从而提高政策的实施效果，并推动政策不断改进和完善。具体到西藏自治区新型城镇化的支持政策，应当创新体制机制，以县域为重要载体协调推进新型城镇化与乡村振兴，坚持城乡融合发展，破除不利于县城建设和乡村振兴的资源分配体制机制，改善基础设施和公共服务、加快农民市民化。只有遵循精准施策的原则，才能让政策更好地服务不同的主体。

7.2.4 协同原则

新型城镇化是一项系统工程，它包括了城镇建设发展的多个方面，既需要解决城镇经济发展面临的问题，还需要解决城镇发展面临的社会问题、环境问题、文化问题等，与此相应的，促进新型城镇化的政策也涉及各个方面。对于西藏自治区的新型城镇化而言，还面临着来自各省（区、市）不同的帮扶政策，以及区内不同区域的政策。加强不同类型政策的协同，更好发挥政策的预期效应，也是政策制定和实施中必须遵循的原则。

（1）不同政策目标之间的协同。在乡村振兴战略实施背景下，西藏自治区新型城镇化面临着更多的机遇和挑战，不同的政策工具发挥着不同的作用，调节着不同的社会关系，有着不同的政策预期目标和实施效果，这就可能导致一些政策之间产生矛盾。如，西藏自治区新型城镇化的产业发展政策与生态环境保护政策间的矛盾，其背后就是高原生态脆弱区发展经济与保护环境之间的对立体现。解决此类问题，需要辩证看待政策之间的对立关系，实现政策目标之间的协调配合，让各种政策目标形成一个目标体系。实现不同政策功能的协调，防止政策作用出现偏颇，建立重大调控政策统筹协调机制，建立部门间的沟通协调机制。尽最大可能减少差异性、放大统一性，努力寻找政策的最佳平衡点，以保证各种政策效应充分释放。

（2）不同区域政策的协同。如前文所述，由于历史的原因和自然地理条件的差异，西藏自治区内部不同区域的发展依然存在着较大的差异。相比于藏北、藏西地区，拉萨河河谷地带、尼洋河河谷地带和雅鲁藏布江流域的经济发展相对领先。在全区新型城镇化建设发展进程中，政策的制定和实施既要遵循精细化原则，也要注意不同地区政策的协同，进而从整体上协同推进新型城镇化的建设发展。如，不同区域之间产业政策的协同有利于形成区域产业分工，扩大全区区域市场规模，并提升新型城镇化的内生动力。不同区域城镇化的人口政策、社会保障政策、环境保护政策等也存在着协同问题，也同样能够通过政策的制定与实施产生区域协同效应。

7.3 政策重点

不同于国内其他地区，西藏自治区的新型城镇化背景和发展阶段都具有其独特性。一方面，西藏新型城镇化与工业化并不存在着时间上连续、空间上继起的一般关系，它是在外部力量推动下、城镇化的内生动力和能力不足的背景下展开的，其城乡关系的发展逻辑还不足以自发推动城镇化的内生发展。另一方面，西藏自治区是在地广人稀、生态环境相对脆弱、区域战略地位极其重要等基础和条件下的城镇化，是在国家实施乡村振兴战略背景下的新型城镇化。因此，其新型城镇化所拥有的基础和条件，所面临的机遇和挑战，所需要解决的发展建设问题都呈现出显著的区域特征。如前文所述，西藏乡村振兴和城镇化建设的逻辑衔接、耦合性较强，乡村振兴战略的实施为新型城镇化建设创造了新的环境、条件和机遇，推动了新型城镇化子系统向更高阶段演化。在系统的演化进程中，政府可以通过相应政策的制定来影响系统演化的方向，从而加快政策系统的演化进程。

7.3.1 新型城镇化进程中的经济政策

从经济发展的角度来看，西藏自治区新型城镇化是"适当超前"的城镇化，是在城镇内生动力和能力还不足背景下的城镇化。因此，经济政策是耦合全区乡村振兴子系统和新型城镇化子系统、增强城镇内生发展动力和能力的重要外部支撑。

（1）产业政策。对于后发地区而言，产业政策的制定和实施有利于充分发挥后发优势，缩小与发达地区的经济差距。产业结构不合理、新兴产业培育滞后，是西藏城镇经济发展普遍遇到的瓶颈问题。如前文政策目标和政策原则分析所述，西藏自治区新型城镇化的产业政策，需要重点从以下几个方面考虑：

①重点培育新兴产业。在 21 世纪初期，以新一代信息技术、新能源技术、新材料技术、生物工程技术、空间技术和海洋技术等为代表的新技术，在塑造全球产业新发展格局和趋势上已经开始显现其关键作用。习近平总书记 2018 年在中国两院院士大会讲话时指出："信息、生命、制造、能源、空间、海洋等的原创突破为前沿技术、颠覆性技术提供了更多创新源泉，学科之间、科学和技术之间、技术之间、自然科学和人文社会科学之间日益呈现交叉融合趋势，科学技术从来没有像今天这样深刻影响着国家前途命运，从来没有像今天这样深刻影响着人民生活福祉"。为此，西藏自治区可以结合区域的生物多样性、地热等特色资源禀赋，发展生物工程、新能源等新兴产业，还可以结合国家"东数西算"数字经济产业布局，依托全区丰富的水电资源，大力发展数字经济。新兴产业培育壮大首要的工作在于产业主体的培育和壮大。因此，需要进一步完善城镇产业基础设施建设，特别是新基建；完善城镇创新创业生态环境构建，加快产业创新平台、产业创新孵化园、产业创新集群（产业园区）等的建设，为聚集新兴产业高级要素资源营造良好生态环境；吸引一批国内著名的新能源、生物工程、数字经济龙头企业进藏投资，作为新兴产业链"种子"公司，为构建和持续完善全区新兴产业创新链、产业链奠定基础。

②传统产业提质增效。西藏自治区大多城镇的特色优势产业表现为传统产业，如农牧业、旅游业、商贸流通业等。随着中国特色社会主义进入新时代，社会主要矛盾已转变为人民日益增长的美好生活需要和不平衡不充分的发展之间的矛盾。从农牧业发展来看，就是要解决更好更优质农牧产品的生产与供给问题，不仅是向区内消费者供应，还要面向更广阔的区外市场，特别是地理上邻近的成渝双城经济圈大市场。从旅游业的发展来看，需要加快适应自驾游、研学旅游、康养旅游等旅游新型业态的市场需求，推进传统旅游产业结构调整，让深度旅游、沉浸式体验成为西藏旅游吸引国内外游客的核心主题。从产业政策来看，传统产业的提质增效，需要支持和鼓励传统产业主体加强高级人力资

本的投入和累积，加大新技术和新装备在传统产业中的应用，特别是新一代信息技术的应用，推进产业的数字化、低碳化转型。鼓励和支持传统产业与新兴产业跨界融合创新发展，特别是"智慧农牧业""智慧旅游业""智慧商超""智慧物流""智慧文创"等新技术赋能传统产业所形成的新业态的发展，优先培育相关领域的微观经济主体。

③城乡产业融合发展。随着西藏交通网络的不断建设和发展，其新型城镇化的产业政策应充分考虑城乡产业融合发展。一方面，通过城乡产业融合发展，能够充分发挥乡村振兴和新型城镇化的战略需求协同作用，乡村振兴产业政策通过关联产业能够形成外溢，为城镇产业发展提供支撑。另一方面，相比于乡村产业，城镇产业主要集中于产业的深加工、流通以及产业服务等领域。对于西藏自治区的新型城镇化而言，其产业政策只有坚持面向乡村，通过城乡产业融合发展，才能形成城镇产业稳定的市场，并有利于城镇产业内生发展能力的持续提升。从政策的制定来看，需要鼓励和大力支持城镇微观经济主体面向乡村产业发展业务、创新产品或服务，积极引进和培育农业类的龙头企业，围绕乡村特色农牧业、旅游业、非遗文化等，积极发展各类配套企业和中介机构，打造城镇特色产业链。

④城乡营商环境优化。营商环境事关市场主体的培育和成长环境，深刻影响着区域经济的发展。一般认为，营商环境是一个国家或地区政务环境、市场环境、法治环境、人文环境等的总和，它决定了一个国家或地区"软环境"方面的区位优势。正因如此，随着我国改革开放的不断深入，传统的政策洼地已很难吸引高级产业要素资源，营商环境的优化已成为区域打造区位竞争优势的重要抓手。对于西藏自治区的新型城镇化而言，不少项目都具有对口帮扶支援的特性，考虑到上文强调的城乡产业融合发展支持政策，持续优化城乡营商环境顺理成章应成为产业政策的重要组成。应当系统梳理、分析区内各地政务环境、市场环境、法治环境、人文环境，形成对各地营商环境的动态评估，在全区统一的营商环境优化政策框架下，鼓励和支持各地结合实际情况，持续优化营商环境，形成差异化的城镇产业发展区位优势。

（2）信贷政策。信贷政策是配置资金资源的重要工具，在推进区域产业结构调整方面发挥着重要的作用，是政府开展宏观调控重要的政策工具之一。对经济发展相对落后的地区而言，项目投资往往面临着资金制约。为推进西藏自治区新型城镇化的发展，信贷政策需要向民生工程项目倾斜，向新兴产业领域倾斜，向传统产业升级改造领域倾斜，向城乡产业融合发展的领域倾斜。通过信贷政策的干预，推动信贷资金向重点领域集中配置，为新型城镇化内生动力和能力的提升提供资金支持和保障。

（3）财政政策。财政政策是一个国家或地区经济政策的重要组成。对于西藏自治区的新型城镇化而言，所涉及的财政政策主要表现为地方财政政策和中央财政转移支付政策等。一方面，由于西藏地方财政能力有限，需要向上申请中央政府的支持，并结合城镇化重点项目，引入市场机制，面向经济发达地区，发行适当规模的地方政府债券；同时整合各省（区、市）的对口支援资金，设立新型城镇化建设专项财政资金。另一方面，财政转移支付是中央宏观财政政策的重要组成内容，是中央进行宏观调控、推进地区平衡发展的重要手段。西藏自治区在守土固边、反分裂和保障国家生态安全等方面承担着重要的任务，积极推进新型城镇化建设无疑为这些任务的完成创造了更为有利的物质条件和环境。为此，西藏在推进新型城镇化的进程中，应积极争取中央政府新型城镇化财政专项转移支付资金，并加强资金整合，重点支持民生工程项目建设和战略性新兴产业培育。

7.3.2 新型城镇化进程中的社会政策

在新型城镇化进程中，往往会产生一系列的社会问题，这些问题的解决需要政府积极介入时，就会产生相应社会政策。社会政策的制定不仅要考虑公平，还要考虑效率。新型城镇要求以人为本，促进人的全面发展的实现，在社会公平、社会公共服务等方面，就需要制定相应的政策来进行关系调整或激励规范行为。结合乡村振兴背景下西藏自治区新型城镇化的具体实践，相关社会政策应包括：

（1）就业政策。就业水平是衡量一个国家或地区宏观经济发展水平的重要指标之一。一般而言，在经济发达地区或经济处于扩张阶段时，社会就业水平较高，反之就低。劳动者就业对于社会稳定、个人全面发展等具有重要的意义。在以往国内城镇化的早期阶段，一些城镇由于缺乏产业的支撑，无法为城镇居民提供足够的就业岗位，导致了"空城"现象。西藏自治区推进新型城镇化，除了前文强调的通过经济政策支持城镇产业发展外，还需要系列的就业政策来配套。不同于国内其他地区，由于历史的原因，西藏自治区人力资源总量累积不足，劳动力素质水平整体较低，加上较为突出的民族语言文字交流障碍以及教育事业发展的相对滞后，极大地削弱了当地劳动者的就业能力，就业政策在促进西藏新型城镇化的进程中就显得特别重要。就业政策一般包括对失业者的再就业支持政策和对初次就业者的支持政策。对于前者而言，主要是随着产业结构的调整或者生产生活方式的重大变迁（如，生态移民、易地搬迁、自主从乡村迁入城镇，等等），城镇居民需要实现再就业。对于这一群体，自治区需要持续加大岗位培训或新技术技能培训，同时鼓励和大力支持企业等微观经济主体或社会公益组织开展社会职业培训，提升失业者再就业的能力。对于后者而言，主要是新进入人力资源市场的新生代劳动力，政策的重点在于引导劳动力树立正确的就业观，大力发展在职教育和岗位培训，鼓励和支持企业、社会公益组织等为新就业者提供就业指导和辅助，鼓励校企合作，提高新生代劳动者的综合素质和能力。另外，城镇就业政策往往与产业政策高度关联，这就要求西藏自治区在制定和实施就业政策时，充分考虑与产业政策的匹配与协同，就业政策需要支持产业政策，而只有城镇产业得到好的发展，才能为城镇居民提供数量更多、质量更高的就业机会和岗位，也才能从根本上解决城镇的就业问题。此外，考虑到城乡融合发展，就业政策不仅要关注传统的城镇居民就业问题，还要重点关注乡村产业创新创业中的就业政策需求，为乡村产业新业态的从业者提供就业指导和支持。

（2）社会保障政策。社会保障政策的出现，与社会贫富分化、公众对社会公平诉求以及社会风险认识的不断深化等密切相关。一般而言，社会保障政策包括社会保险、社会救济、社会福利、社会优抚安置等相关政策。如前文分析，整体上看，西藏自治区新型城镇化发展建设具有一定"超前性"，它并不是区域工业化发展的自然演化结果，而是得益于乡村振兴战略实施和国家整体实现小康这一宏大发展背景之下所形成的历史机遇。尽管西藏新型城镇化取得了显著的成就，但城镇化进程中的各种社会风险也不可低估。如，新迁居民（特别是外地移民群体）可能无法融入城镇而带来的社会适应问题，一定情形下还可能成为社会不稳定的潜在风险点；城镇化造成城中村以及农村人口劳动力流失严重问题等；还有特定条件下边境城镇、边境居民的安全保障诉求；等等。这些都要求在新型城镇化进程中要事先对社会保障制度进行设计。一方面，自治区政府要积极向中央申请政策支持，设立边疆地区社会保障发展专项资金，为全区人民群众提供基本的社会保障服务。另一方面，鼓励和支持企业、社会公益组织等积极参与社会保障事业，指导、规范和有序发展社会救济等领域的民间组织，提高社会保障综合能力。

（3）生态环境政策。如前文所述，西藏自治区在保障国家生态安全中承担着重要的战略任务，西藏自治区也将打造生态文明建设高地作为国民经济和社会发展的重要目标之一。生态环境政策一般涉及自然生态资源的保护开发与可持续利用、环境保护与环境治理等。对于西藏自治区新型城镇化而言，生态环境政策的制定不仅包括自然生态资源的可持续开发，探索能够为城镇经济发展带来生态效应的区域"两山转换"体制机制，还包括将城乡纳入一体化的环境综合保护与治理体系，这是由西藏自治区特有的高原生态系统所决定的。从政策制定的角度来讲，在自然生态资源可持续开发上，通过产业政策、信贷政策等积极鼓励和大力支持微观经济主体创新产业发展模式，全面发展高原生态经济，包括生态林业经济、生态农业经济、生态旅游经济等低碳、绿色产业业态。在环境保护和环境治理方面，坚持系统治理的政策法规，坚持城乡协同，坚守生态红线，鼓励和支持微观经济主体以及消费者、居民等绿色、低碳生产和消费；强化生态环境教育，提高城乡居民环境保护意识和专业能力，营造全员参与环境保护和环境治理的社会氛围；加快建设城乡的环境保护和环境治理专、兼职队伍，为全区生态环境保护与环境治理提供有力的人力资源保障。

7.3.3 新型城镇化进程中的民族边疆政策

我国是一个多民族国家。新中国成立以来，民族政策集中体现为坚持民族平等、民族团结和促进各民族共同繁荣。西藏自治区是我国五个民族自治区之一，在国家政治、经济、文化等领域中发挥着重要的作用。同时，西藏自治区边境线长达数千公里，由于历史等原因，守边稳边任务重大，反分裂反国土蚕食斗争形势复杂。基于此，西藏自治区在乡村振兴背景下推进新型城镇化建设发展，离不开国家民族边疆政策的有力支持，边境地区城镇化的建设发展更是如此。从政策制定的角度来看，需要结合边境地区经济、社会、文化、国防等领域的战略需求，推进"一城一策"，协同建设边境村和边境城镇，将边境地区打造成为安全之区、合作之区，全方位展示中国作为负责任大国的国际形象。显然，民族边疆政策所涵盖的范围，包括了以上所说的经济政策、社会政策等多方面内容，但需要更加紧密结合边境新型城镇化的特别需求，使各项政策更加精准、更具实效。

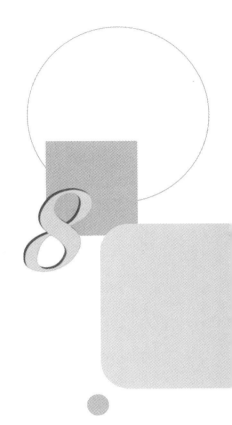

主要结论及进一步研究方向

十余年来，西藏在乡村振兴战略实施和新型城镇化建设过程中，积累了丰富的实践经验，为国内民族地区、边疆地区和高原生态脆弱区的新型城镇化建设作出了许多有益探索。西藏乡村振兴和新型城镇化有其特殊的背景和特定的驱动力，因而，西藏乡村振兴战略背景下的新型城镇化建设发展必然与国内其他区域显著不同。当然，西藏因地处边疆，其乡村振兴战略实施和新型城镇化建设发展也有其独特的战略意义和价值。

8.1 主要研究结论

在梳理已有理论文献和深入了解西藏乡村振兴背景下新型城镇化发展现状和特点的基础上，运用系统理论与方法，全书在区域经济－社会大系统框架下，构建了民族地区乡村振兴子系统和新型城镇化子系统耦合协同理论模型，研究了耦合方式、耦合动力和耦合路径，并对西藏部分地市的乡村振兴与新型城镇化系统耦合进行了测度和影响因素分析。随后，为补充数据资料缺陷，又通过对拉萨市、林芝市、昌都市、山南市等地市的乡村振兴与新型城镇化耦合发展案例的描述和分析，厘清了两个子系统的协同耦合机制。最后，立足于乡村振兴与新型城镇化的耦合协同关系，提出了西藏乡村振兴背景下新型城镇化的创新发展思路以及相应的支持政策。全书主要研究结论包括：

（1）民族地区乡村振兴子系统和城镇化子系统同属于更高层级的民族地区社会－经济复杂系统，两个子系统的演化进程与驱动力取决于系统内部各小系统间的协同演化。乡村振兴子系统与新型城镇化子系统存在着直接或间接的信息和能量的交换，进而形成了两大子系统内部各子系统之间的直接耦合和间接耦合形式。两大子系统的耦合动力包括基于民族地区城乡共同富裕愿景使命驱动下的系统耦合、基于民族地区城乡生态文明建设任务驱动下的系统耦合和基于民族地区城乡融合发展目标驱动下的系统耦合，耦合路径则包括产业导向下的耦合路径、文化导向下的耦合路径和公共基础设施导向下的耦合路径。

（2）乡村振兴背景下西藏新型城镇化发展趋势包括："大中小"城市（城镇）体系正在加快形成、县域逐渐成为新型城镇化的核心空间载体、核心地带城乡融合发展进一步加速、新型城镇化的政策支持依然不可或缺等。西藏乡村振兴与新型城镇化两大子系统存在着耦合协同发展关系，但各地耦合度存在着差异。来自拉萨市等地市的实践表明，乡村振兴战略实施和新型城镇化建设发展能够通过多个耦合点形成两个子系统的密切联系，但不同地区的耦合发展机制存在着一定的差别。

（3）乡村振兴背景下西藏新型城镇化具有其独特性，其建设发展需要坚持创新发展理念，也需要提供特定的支持政策。乡村振兴为西藏自治区新型城镇化创新发展提供了新动能，其创新发展战略包括品牌化、差异化、网络化和一体协同战略，其创新发展路径包括投入子系统耦合下的新型城镇化发展路径、产出子系统耦合下的新型城镇化发展路径、环境子系统耦合下的新型城镇化发展路径。乡村振兴背景下西藏新型城镇化支持政策的目标包括产业发展、生态安全、共同富裕和边疆稳定，其政策制定应遵循适当倾斜原则、可持续原则、精细化原则和协同原则，其政策重点涉及经济政策、社会政策和民族边疆政策等多个领域和环节。

8.2 进一步研究方向

全书运用系统理论和方法，从系统耦合的角度研究了乡村振兴背景下西藏自治区新型城镇化的创新发展，提出了相应的发展战略、发展路径以及相应的支持政策建议。然而，仍然存在一些问题需要深入研究，如西藏作为经济后发地区，其乡村振兴和新型城镇化的协同实践还需要进一步观察，其新型城镇化的产业实践发展也有其特殊性，只有密切跟踪其动态发展，才能更全面地认识西藏新时代的新型城镇化发展规律。另外，由于数据的可得性限制，本研究仍存在获取数据不足所导致的问题。以上这些都可以作为将来进一步研究的方向。

参考文献

[1] 国家统计局.第七次全国人口普查主要数据情况[EB/OL].（2021-05-11）
    [2022-06-29].http://www.stats.gov.cn/tjsj/zxfb/202105/t20210510_1817176.html.

[2] 狄方耀，刘星君.西藏边境地带乡村振兴的特点与对策等问题探讨[J].西藏大
    学学报（社会科学版），2021（4）:123-131.

[3] 扎西多布杰.西藏自治区政府社会管理职能转变与创新分析[J].西藏发展论
    坛，2009（2）:29-32.

[4] 许彩玲，李建建.城乡融合发展的科学内涵与实现路径：基于马克思主义城
    乡关系理论的思考[J].经济学家，2019（1）：96-103.

[5] 马克思，恩格斯. 马克思恩格斯全集：第 20 卷 [M].北京：人民出版社,1974：
    321.

[6] 马克思，恩格斯. 马克思恩格斯全集：第 4 卷 [M].北京：人民出版社,1974：
    368.

[7] FRIDEMAN J. R. Regional development policy：a case study of venezuela [M].
    Cambridge：ＭIT Press，1966：279.

[8] THANH H X，PHUONG D T T，HUONG N T，et al. Urbanization and rural
    development in Viet Nam's Mekong Delta：livelihood transformations in three
    fruit-growing settlements[J].May 2008-IIED，2008.

[9] CALI M，MENON C. Does urbanization affect rural poverty? Evidence from
    Indian districts[J].World bank econ rev.，2013（2）：171-201.

[10] 康永征，薛珂凝.从乡村振兴战略看农村现代化与新型城镇化的关系[J].山
    东农业大学学报（社会科学版），2018（1）：9-12，28，6.

[11] 陈国生，丁翠翠，郭庆然.基于熵值赋权法的新型工业化、新型城镇化与乡
    村振兴水平关系实证研究[J].湖南社会科学，2018（6）：114-124.

[12] 俞云峰，张鹰.浙江新型城镇化与乡村振兴的协同发展：基于耦合理论的实
    证分析[J].治理研究，2020（4）：43-49.

[13] 汪锦军，王凤杰.激发乡村振兴的内生动力：基于城乡多元互动的分析[J].浙江社会科学，2019（11）：51-57，157.

[14] 唐惠敏.乡村振兴战略三维向度论纲[J].西北农林科技大学学报（社会科学版），2019（3）：10-17.

[15] 蔡继明.乡村振兴战略应与新型城镇化同步推进[J].人民论坛·学术前沿，2018（10）：76-79.

[16] 陈丹，张越.乡村振兴战略下城乡融合的逻辑、关键与路径[J].宏观经济管理，2019（1）：57-64.

[17] 陈丽莎.论新型城镇化战略对实现乡村振兴战略的带动作用[J].云南社会科学，2018（6）：97-102.

[18] 李梦娜.社会资本嵌入：乡村振兴背景下村庄共同体重建的新思路[J].四川行政学院学报，2019（4）：54-62.

[19] 刘彦随.中国新时代城乡融合与乡村振兴[J].地理学报，2018（4）：637-650.

[20] 桂华.论新型城镇化与乡村振兴战略的衔接[J].贵州社会科学，2020（9）：155-161.

[21] 刘依杭.新时代乡村振兴和新型城镇化协同发展研究[J].区域经济评论，2021（3）：58-65.

[22] 王新涛.新时代我国中部地区新型城镇化与乡村振兴战略的协同推进机制与政策研究[J].长江技术经济，2019（4）：31-34，6.

[23] 辛宝英.城乡融合的新型城镇化战略：实现路径与推进策略[J].山东社会科学，2020（5）：117-122.

[24] 文丰安.乡村振兴战略与新型城镇化建设融合发展：经验、梗阻及新时代方案[J].东岳论丛，2020（5）：70-77.

[25] 徐维祥，李露，刘程军.乡村振兴与新型城镇化的战略耦合：机理阐释及实现路径研究[J].浙江工业大学学报（社会科学版），2019（1）：47-55.

[26] 段龙龙.新型城镇化与乡村振兴协同发展路径：逆城镇化视角[J].现代经济探讨，2021（5）：10-16.

[27] 雷娜，郑传芳.乡村振兴与新型城镇化关系的实证分析[J].统计与决策，2020

（11）：67-72.

[28] 徐维祥，李露，周建平，刘程军.乡村振兴与新型城镇化耦合协调的动态演进及其驱动机制[J].自然资源学报，2020（9）：2044-2062.

[29] 谭洁. 我国乡村振兴与新型城镇化协同发展测度分析[D].沈阳：辽宁大学，2021.

[30] 吴旭晓.乡村振兴与新型城镇化耦合协调发展及其驱动机制研究：以中部地区为例[J].前沿，2019（6）：32-40.

[31] 王亚歌.粤东西北农业现代化与新型城镇化的协调发展：基于乡村振兴战略的思考[J].江苏农业科学，2020（3）：15-21.

[32] 马亚飞，吕剑平.新型城镇化与乡村振兴耦合协调发展研究：以甘肃为例[J].新疆农垦经济，2020（6）：15-23，32.

[33] 江霞，尹思敏.基于新型城镇化和乡村振兴耦合视角下的城乡治理思考：以青海省为例[J].区域金融研究，2021（8）：75-82.

[34] 景宁畲族自治县人民政府. 景宁畲族自治县概况[EB/OL].（2022-04-06）[2022-06-29]. http：//www.jingning.gov.cn/col/col1376099/index.html.

[35] 袁顺波.新时代县域城乡融合的创新发展之路：以景宁畲族自治县为例[J].观察与思考，2021（9）：95-100.

[36] 秦云龙.从 GEP 到 GDP，看畲乡如何采掘"绿金"浙江景宁畲族自治县"两山"转化调查[J].经济，2021（11）：92-97.

[37] 李杰. 安徽省建设特色小镇存在的问题与对策研究[D].合肥：安徽农业大学，2018.

[38] 姜伟齐. 易地搬迁型城镇化：从框架建构到内涵提升：以青海省互助土族自治县为例[J].中国房地产，2021（30）：44-50.DOI：10.13562/j.china.real.estate.2021.30. 009.

[39] 武汉大学易地扶贫搬迁后续扶持研究课题组.易地扶贫搬迁的基本特征与后续扶持的路径选择[J].中国农村经济，2020（12）：88-102.

[40] 张耀峰.社会系统演化博弈建模与仿真[M].北京：科学出版社，2016：4.

[41] 魁奈. 魁奈经济著作选集[M].吴斐丹，张草纫，选译. 上海：商务印书馆，

1979：333.

[42] 陈丹，唐茂华.新型工农城乡关系的演进脉络与政策框架[J].河北经贸大学学报，2014（6）：88-92.

[43] 罗明忠，刘子玉.要素流动视角下新型工农城乡关系构建：症结与突破[J].农林经济管理学报，2021（1）：10-18.

[44] 杨发祥，杨发萍.乡村振兴视野下的新型城乡关系研究：一个社会学的分析视角[J].人文杂志，2020（3）：119-128.

[45] 陈文烈，王晓芬.民族地区乡村振兴战略的内在逻辑与建构路径[J].青海民族研究，2021（1）：149-156.

[46] 赵燕，郭朔宁.产业转型升级视角下西藏农牧民工转移就业能力提升的现状分析与实现路径[J].西藏发展论坛，2021（2）：73-79.

[47] 葛强·琼达，次旦欧珠，次卓嘎.新型城镇化背景下西藏农牧民再教育质量提升[J].西华师范大学学报（自然科学版），2022（8）：1-8.

[48] 朱欣悦.乡村振兴背景下西藏农牧民转移就业 SWOT 分析[J].西部皮革，2021，43（13）：43-44.

[49] 史云峰.西藏新型城镇化：现状、特征与路径[J].西藏民族大学学报（哲学社会科学版），2016（4）：51-56，154.

[50] 易小燕，陈印军，向雁，王恒.县域乡村振兴指标体系构建及其评价：以广东德庆县为例[J].中国农业资源与区划，2020（8）：187-195.

[51] 杨阿维，李昕，叶晓芳.西藏乡村振兴指标体系构建及评价[J].西藏大学学报（社会科学），2021（3）：185-193.

[52] DYSON T.The role of the demographic transition in the process of urbanization [J]. Popul dev rev, 2011（1）：34-54.

[53] SUN， Q. Empirical research on coordination evaluation and sustainable development mechanism of regional logistics and new-type urbanization： a panel data analysis from 2000 to 2015 for Liaoning Province in China[J]. Environ sci pollut res, 2017, 24, 14163-14175.

[54] 杨传开，张凡，宁越敏.山东省城镇化发展态势及其新型城镇化路径[J].经

济地理，2015（6）：54-60.

[55] 王金营，李佳黛.京津冀各市新型城镇化发展评价：基于京津冀协同发展的考察[J].人口与经济，2017（6）：58-70.

[56] 于燕.新型城镇化发展的影响因素：基于省级面板数据[J].财经科学，2015（2）：131-140.

[57] 俞云峰，张鹰.浙江新型城镇化与乡村振兴的协同发展：基于耦合理论的实证分析[J].治理研究，2020（4）：43-49.

[58] 丁翠翠，杨凤娟，郭庆然，陈政.新型工业化、新型城镇化与乡村振兴水平耦合协调发展研究[J].统计与决策，2020（2）：71-75.

[59] 王金华，谢琼.新型城镇化与乡村振兴协同发展的路径选择与地方经验：全国新型城镇化与乡村振兴高峰研讨会暨第十七届全国社科农经协作网络大会会议综述[J].中国农村经济，2021（12）：131-137.

[60] 周晚红.昌都实现巩固拓展脱贫成果与乡村振兴有效衔接的路径分析[J].西藏发展论坛，2021（4）：86-90，94.

[61] 罗明忠，刘子玉.要素流动视角下新型工农城乡关系构建：症结与突破[J].农林经济管理学报，2021（1）：10-18.

[62] 杨发祥，杨发萍.乡村振兴视野下的新型城乡关系研究：一个社会学的分析视角[J].人文杂志，2020（3）：119-128.

[63] 苏红健.构建新型工农城乡关系的基础与方略[J].中国特色社会主义研究，2021（2）：46-55.

后　记

时值中秋，皓月当空，碧落澄净，苍穹清澈，此为撰写该书历经的第三个中秋，今夜也将为其画上句号。拉萨的秋意正浓，临坐窗前，四下静谧，回首此书撰写的历程，提笔写下种种感想。

自 2002 年国家提出"走中国特色的城镇化道路"，2012 年从国家发展战略角度提出"新型城镇化"，再到 2020 年提出推进"以人为核心的新型城镇化"，回望中国新型城镇化的发展进程，城镇化建设一路高歌猛进、成绩斐然，老百姓的获得感和幸福感指数也节节升高。但是，一些地方的城镇化也带来资源的错配、区域发展的失衡、生态环境恶化、 农村人口大量流失、城市"空心化"等问题。对历史地理、自然生态、经济社会、民族构成等情况更为复杂的西藏自治区来讲，如何避免其他地方新型城镇化发展带来的通病，在乡村振兴大背景下，更好推进西藏的新型城镇化建设，成为我们必须认真思考的重大命题和急需解决的现实问题。

我长期学习、工作和生活在西藏，对西藏的经济社会发展有切身的经历和感悟。作为边疆民族地区和经济发展相对较弱的地区，西藏的新型城镇化和乡村振兴战略的实施面临着迥然不同的内外部环境。本书是在对西藏乡村振兴和新型城镇化建设的实地调研基础上，通过进一步思考、总结而成的。在书稿的撰写过程中也遇到了一些挑战和困难，一是本书框架的确立经历了一个艰辛过程，通过查阅资料、思考总结、向专家请教，然后又进行多次修正、反复推敲，对本书的框架逐渐清晰，最终形成了目前的框架结构。二是数据获得的困难，部分数据因保密要求没有公开发布，因此在收集分析数据时颇费了一些周折。从 2020 年 7 月开始撰写此书，已易两个寒暑，经过苦苦思索、孜孜以求，终于完成了本书的撰写任务。

在新书即将付梓之际，需要特别感谢杜青龙老师、李进兵老师对本书的框架和内容进行多次的指导，并提出了富有建设性的建议。同时，还要感谢我的学生窦倩楠、李爽爽、李世杰、冯兴国、庄候毛、刘畅、黎燕、马悦、多吉卓玛、李瑞迪、杨嘉宁等同学，在本书出版前认真地校对和修改，谢谢你们的辛苦付出。最后，还要感谢给予我默默支持的家人和孩子！

　　囿于研究水平和时间，本书还存在肤浅和孤陋之处，敬请各位专家和读者予以斧正。

师晓娟

2022 年 9 月于拉萨

200